大是文化

心理カウンセラー弁護士が
教える気弱さん・口下手さんの
交渉術

個性不強勢的交涉術

律師、心理諮商師
保坂康介——著
李貞慧——譯

嘴笨、怯弱，怎麼交涉不吃虧？
處理 1,500 件以上訴訟案子的
不強勢大律師，
天天在用的技巧。

目錄

第二章

第三章

同理比說理，更有力……85

第四章

交涉過程居下風，怎麼辦？

第五章

第六章

推薦序

這樣交涉，讓我花小錢換到大一倍的房間

出色溝通力學院總監／莊舒涵（卡姊）

讀這本書稿、寫推薦序時，我正好來峇里島生活四十天。我是一個懶得移動的旅居者，來到第一家民宿住宿時，無論是環境、便利、清潔和整體服務，我都很喜歡，但因為我不習慣天天且餐餐外食，唯獨沒有廚房一事困擾著我。

來這裡的前五天，我不太和房東多提關於我自己的事，而是想透過提問、多了解他們。你一定覺得很奇怪，正常來說，不都應該是房東想多了解房客嗎？這是因為，我打算四十天都常駐在這裡，在價格和房間選擇上，得和他們

有議價協商的空間。

誠如這本《個性不強勢的交涉術》作者所言，我們在與對方溝通、表達自己的想法和理念之前，如果能讓對方先開口，我們就有機會觀察他是什麼樣的人，以及說話的方式、節奏、用語習性。這也是我以性格顏色作為工具，在企業進行溝通課程培訓時，一直鼓勵業務、服務人員別急著向顧客推銷產品，而是要讓對方多表述自己。聽出需求雖是重點，但更重要的是，了解顧客的性格顏色是什麼之後，再決定怎麼說、怎麼表達。就能像書中作者提到的一樣，得以讓對方有所共鳴。

作者是一位不強勢、不擅言辭的律師，而我剛好與他完全相反。不過，在這本書中，作者非常貼心的，寫出面對溝通上的強勢者時，該如何讓對方舒暢的說話、表達；同時也提供了具體的方法，給在表達上較沒自信的讀者，從心理層面著手調整，自然就能改變過去對自我的既定印象，而有機會在認知和表達方面大幅改變。

我大力推薦這本書，給想要縮減溝通時間成本、增加說服影響力、在溝通協商中共創雙贏的你。建議可以優先閱讀書中的第二、三章，透過案例、原則、示範，學習交涉前的準備與積極傾聽的技巧，同時實際應用作者提到的方法。你一定能從態度和結果上，感受到對方的回應大不相同。

我自己就將書中提到的「先滿足對方」，應用在峇里島的房東身上。有天房東問我，在臺灣是做什麼的？當我提到是在不同企業教授溝通技巧時，她好奇的問我怎麼教。在我說明了是以了解性格的方式教授後，便舉例說明她是什麼性格顏色的人，接著說明該性格最主要的特色和優點，以及常被其他人誤解之處。她聽了以後點頭如搗蒜，像是有人終於理解了她一樣。

接著我問她，在峇里島烏布經營民宿有多辛苦，她便開始滔滔不絕的和我分享。我善用了書中提到積極傾聽的三個技巧：重複、彙整、體諒，讓她覺得猶如得到一位知己一樣。最後，我才提出自己完全理解當老闆、在經營上的許多考量與困境。同時，我也提到想要取消另一家的住宿預約，雖然還會被扣除一〇%的租金，但因為太喜歡她的民宿了，尤其是聽完她的敘述之後，我更堅定的覺得多付出一些也無所謂。

結果，大家應該猜得到，她把唯一有廚房的房間給了我，而我只要在原本每晚的住宿價格之外多付三百元，但空間足足又大了一倍，多了一個客廳、一間廚房，還有一臺冰箱，一晚只要新臺幣一千元。不咄咄逼人，只要善用傾聽的技巧，一樣能獲得滿意的交涉成果，也推薦這本書給不強勢的你。

前言

個性不強勢的交涉術

大家好。我是諮商心理師兼律師保坂康介。

各位會拿起這本書，想必是覺得自己不是很強勢、口才也不是很好吧。不過，本書的書名就是《個性不強勢的交涉術》，所以這也是很自然的。

世界上有很多關於談判的好書，網路上也有許多優質文章傳授協商技巧。可是這些書與文章的內容都很困難，或是必須具備高超的技巧等，很難應用在日常生活的交涉場合。

而且，很不擅長表達意見和希望、一般認為較怯懦或不擅言辭的人，就算努力想學好說話術和協商技巧，也因為擔憂、嘴笨而遲遲無法行動，或者是這些方法本就和自己性格不合，因而無法發揮自我特色，甚至可能因為無法理解，而不知如何應用。

不過請放心，不強勢、不擅言辭，絕對不會不利於交涉。甚至可以說，這些特質正是讓協商溝通更順利的重要因素。

大家周遭是不是也有這類的人？他們看起來膽子不大，或者絕對稱不上是口才好，卻總能與他們順利溝通。沒錯，為了能成功協商，只要懂得傾聽交涉對象說話，而非一味的說服對手，並調整好自己的心態，就不會有問題。

我雖然是律師，但我的性格並不強勢，而且也稱不上口才好。一開始，我也沒有自信能當律師，可是經由聆聽和整理內在，我已經不再害怕協商、溝通了。

我希望能經由傾聽和整理內心，將成功談判的關鍵，傳授給不擅長交涉和溝通，和過去的我一樣的人。容易怯懦、不擅言辭的你，請一起來成為交涉的專家。

第一章

個性不強勢的我，也能當律師

1 懂傾聽的人，更能掌握主導權

一說到擅長交涉、談判的人，大家會有什麼樣的印象？是不是很會簡報？還是可以滔滔不絕，對演講很有自信的人？或者是邏輯很強，說話很有技巧，讓對方不得不稱讚的類型？或許你會以為，這樣的人就是交涉的專家。的確，眾人對於談判往往都有這些印象，會這麼想也是可以理解的。

但這是否表示，不會積極表達意見或期望，也就是不強勢、口才沒那麼好的人，就不可能成功交涉？

很會說話的人，通常在聆聽別人的意見之前，就會先說出自己的想法，試圖得到回應。如果是簡報的場合，單方面說話、報告的話，這樣當然沒問題。但交涉是說話者和聽者之間的溝通，如果只是單方面傳達意見和想法，對方可能會覺得你不懂得站在他人的立場著想，或是會威脅別人。這樣一來，就很難和對方建立信賴關係。

既然交涉、談判也是一種溝通，就應該把對方視為夥伴、而非敵人。進一步來說，應該設身處地思考後再說話。這麼一來，就容易取得對方信任，交談也會更為順暢無礙。

其實，談判時最重要的不是表達能力，而是聆聽力與傳達技巧。換個角度來說，這些技巧能讓對方心情舒暢的說話，也能讓對方盡情的闡述。

大多數說話者都希望聽者能理解自己的想法、心情，知道自己在想些什麼。因此只要我們在對方說話時，徹底扮演傾聽者的角色，並適時回應對方或提出問題，滿足對方想被尊重的需求，就可以讓他覺得滿足。

對方滿足了之後，就會對你產生正面情緒，萌生信賴感。有了信賴關係，對方也會願意傾聽你說話，理解你想要的條件等。所以，乍看之下好像態度很「被動」，其實是為了讓談判更順利的重要因素。

而提問、深入挖掘對方的情感和想法，有時反而能讓對方不經意的說出真心話，這是他原先也沒意識到的。因為對方要回答你的問題，得整理腦中的思緒，結果反而發現內心真正的想法。

讓對方了解原先未察覺的真心話，協助他了解自我並說出來，也能讓對方放鬆且滿足。而且當他明白：「原來我想要的是這個！」就不會再執著於先前提出的條件和希望。

對方一開始提出的希望或要求，對我們來說可能是根本無法接受的條件。但依據真心話萌生的要求，或許就不一樣了。

挖掘對方真正的意圖與期望後，如果從中發現我方能妥協的地方，即使只有一小部分，也先表達同意。這麼一來，互惠原則就會發揮作用，對方也更容易接納你的期望與要求。所謂的互惠原則，是指當我們收到別人的贈禮，或別人為我們做了什麼時，就會想著非得要回報對方（請見第四十三頁專欄）。

其實這種交涉方式，正是不強勢、不擅言辭的人才辦得到。

我本身是律師，所以大家經常以為我巧舌如簧，但我的口才其實沒那麼好，個性也不強勢。特別是剛當上律師時，我真的以為非得要辯才無礙，才能受人信任。

所以，過去的我不但不擅長和別人交涉，甚至連與委託人溝通，我都覺得很苦惱。可是經由

磨練聆聽技巧，讓對方和你說話時更滿足，自然滔滔不絕。

在心理學學校的學習，並讀了我信任的人推薦的書之後，便慢慢消除了這種刻板印象。

因為我發現，談判、交涉要成功，比起巧舌如簧的技巧，磨練用心聆聽的技術更有效。看起來主導權好像在對方手上，但其實是掌握在自己手中。這麼一來，就可以按照自己的步調來協商。當我認同了就算不強勢、無法滔滔不絕，也能談判成功的道理後，我交涉的成果就越來越多，至今已經累積了無數的成功案例。

我現在完全不害怕與他人談判了。我也希望藉由本書，將自身嘗試過，而且效果卓越、能在交涉場合使用的技巧和想法，甚至是生活習慣，傾囊相授給不夠堅決，或是不擅言辭、害怕談判的人。

Point

與其辛苦鍛練口才，不如磨練用心聆聽的技巧更有效。

2 多數人被童年的刻板印象制約了

不強勢、口拙的人，都會覺得與他人溝通很辛苦吧？

有的人害怕一對一交流，也有人不敢在眾人面前說話……如果總認為自己不擅長溝通，自然也會恐懼談判、交涉，最後就得不到滿意的成果。

為什麼會這樣？我想是因為這類人，大都對說話抱持著某種自卑感。舉例來說，總覺得：

‧我沒辦法像其他人一樣說得那麼流利。

‧即使說出自己的想法，別人也不當回事。

・如果我的想法或意見冒犯到別人，該怎麼辦？大家會不會討厭我？

這些情緒，有時往往會讓當事人自認為不擅長交涉。

這樣的自卑感常常源自於過去（特別是小時候）的痛苦體驗。以下介紹一些例子：

・就算自己不表達「我希望你們這樣做」，父母也都凡事幫自己做好。
・曾在學校和社團活動中說出自己的意見，結果卻沒人搭理。
・父母兄弟都不會積極表達想法和意見。

因為這些過去的經驗，使得負面印象和信念深植心中，像是「我不應該表達自己的意見」、「反正別人也不會接受我」、「最好閉上嘴，不要說出自己的想法」等。

這麼一來，當遇上必須發言的時候，如談判、協商等，就會下意識的回憶起過去的體驗和印象，於是討厭、害怕表達意見。結果，就無法說出真正想說的話，無法傳達心中的想法，最終也沒辦法獲得期待的交涉成果。

這樣的心路歷程，其實是源自以下的認知行為機制。

人類認知行為機制：①發生的事件→②印象、信念→③情緒→④想法→⑤行動→⑥結果。

所謂的認知行為機制，是認知行為治療採用的思維，用以分解人類的認知與感情、行為等，目的是透過這種方法，以減輕壓力，讓心情愉悅。

如果把這個機制套用在怯懦、不擅言辭的人交涉時的情形，就如以下的機制，這只是其中一例而已。

認知行為機制由六步驟構成

1 發生的事件 → 2 印象、信念 → 3 情緒 → 4 想法 → 5 行動 → 6 結果

①因為從小生長的環境中，身邊的父母兄弟不會積極的表達意見（發生的事件）。

←

②形成信念認為，建立人際關係時，最好不要積極的表達自我意見（印象、信念）。

←

③長大後，一旦遇到要談判、協商的場合，就擔憂如果說出自己的希望或期待，可能會被大家討厭、不被別人接受（情緒）。

←

④因此便認為，不要積極的表達自我要求、希望，才不會破壞人際關係（想法）。

←

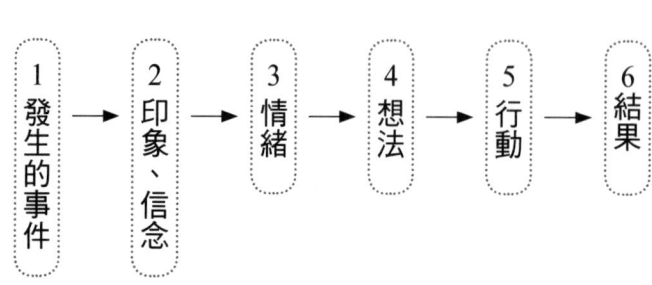

⑤結果在交涉時，寧願選擇只說出不到心中十分之一的希望，並接受對方的期望（行動）。

↓

⑥最終自己也不滿意最後的交涉「結果」。

對於不強勢、不擅言辭的人來說，小時候的體驗也影響了成年之後與他人的交涉。

Point

童年的經驗讓人誤以為，不強勢就能避免衝突。

3 怯懦也好，強勢也罷，都能交涉

難道不強勢或口才不好的人，就一定無法好好的談判嗎？答案其實是「NO」。

前面也提過，並不是怯弱、不會說話，交涉時就一定居於劣勢。反倒是這樣的人，更能巧妙利用自身的特質，使協商順利，並得到滿意的結果。

因為無論是公務上或私人交涉，會成功的人其實並非口才好，而是善於聆聽（原因會在第三章詳細說明）。所以不強勢、不擅言辭的人，一定要先這樣告訴自己：

「怯弱、怕生也沒關係」、「不強勢的人也可以交涉成功」、「不擅言辭也無妨」、「口拙的人，也可以成功交涉」。

首先大幅扭轉內心對於怯弱、口才拙劣的評價，這就是我希望這類人做的第一件事。光是徹底落實這一點，就可以大幅減少對交涉的恐懼。

話雖如此，談判協商時一定還是會覺得：「我就是很不會說話啊。反正到時候大概又是結結巴巴、連話都說不清楚吧。」或是覺得：「我就是個怯懦的人。今天和老客戶協商，應該又會被對方的負責人牽著鼻子走。我也不敢說出自己的意見。」

如果你覺得可能會因為過去的體驗，或藉此產生的刻板印象、消極情緒所影響，請回想前一節提到的認知行為機制（①發生的事件→②印象、信念→③情緒→④想法→⑤行動→⑥結果）。

我們無法改變①「發生的事件」，但我們還是能改變自己的印象或信念、情緒、想法、行動。

- 只要改變對事件的評價，印象、信念就會隨之改變。
- 只要印象、信念改變，情緒就會隨之改變，不是嗎？
- 只要情緒改變，想法想必也會跟著變化。
- 而一旦想法變化，行動也會隨之改變。
- 行動改變了，結果自然會不同。

也就是說，只是改變對過去事件的評價、印象與信念，情緒和行動自然會隨之變化，這是顯而易見的。

我舉上一節介紹的事件為例，「因為從小生長的環境中，身邊的父母兄弟都不會積極的表達意見」。改變對該事件的評價後，會有什麼變化？不妨轉個念頭：「正因為父母兄弟不會把自己的意見強加在他人身上，才能和周遭人維持良好的人間關係。」

像這樣，從另一個角度審視過去的事件，以改變對該事件的評價和印象、信念，這種心理治療法就稱為「完形治療法」。透過這種治療法，逐漸改變當事人對怯弱或不擅言辭的刻板印象和情緒，也就漸漸不在意自己容易害羞或口才不佳。

換句話說，怯弱也好、強勢也罷，都沒關係；不擅言辭或辯才無礙，也都無妨。老實說，閱讀本書可說是在實踐完形治療法，以顛覆自己對膽小、口才差的評價。首先要讓心中的負面情緒歸零，然後進一步消除對交涉的恐懼。

Point

首先改變對交涉的觀念，就不會在意不強勢、口才差。

4 你的需求與他的需求

接下來，請想像一下，如果自己是交涉的當事人，你想要讓談判成功嗎？當然會想吧，這也是理所當然的。至少，我認為沒有人想要失敗。

為什麼？因為一旦交涉失敗，就無法實現自己的期望，或想要守護的事物。進一步來說，有一部分也是因為不想體會到，自己的期望和想守護的事物不被認同時，心中滋生的負面情緒，才希望交涉成功吧？

我們都想獲得他人認同，所以談判時也希望對方認同自己說的話或期望。

各位可能都聽過著名的「馬斯洛需求層次理論」（Maslow's hierarchy of needs）。如左頁圖所示，五大需求層次由下而上，分別是生理需求、安全需

馬斯洛需求五階段

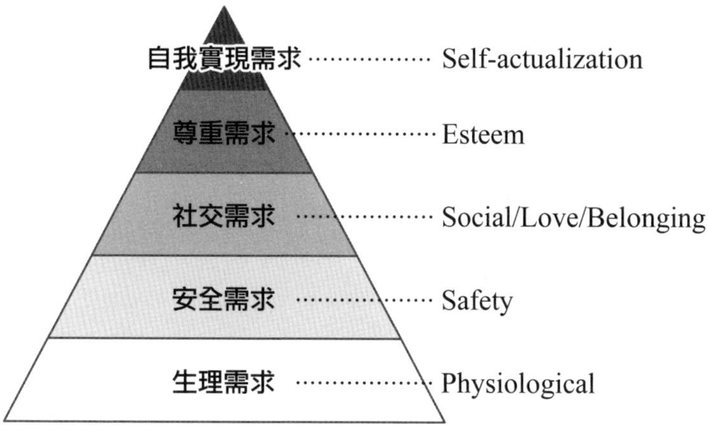

求、社交需求（愛與歸屬的需求）、尊重需求，以及自我實現需求。

如果人們無法滿足這些需求的話，就會覺得匱乏。因此交涉時，若是不能滿足上述需求，同樣會心生厭煩，所以都希望交涉成功。

若是如此，這應該也可以套用到你的談判對象身上。你想讓交涉成功，對方想必也是抱持同樣的想法。

如果彼此都不必做出任何讓步，又能滿足雙方的願望和需求，自然不會有問題。可是現實生活往往不會這麼如意。當雙方的需求相衝突，該如何是好？

這時如果只顧滿足自己的需求，而忽視對方期盼「被別人認可的需要」，狀況又會如何演變？

站在對方的立場，要是願望和需求都被你否定了，說不定對方會放棄自己的需求，而接受你的條件。可是，你覺得會有人想與忽視自己需求的人，繼續維持關係，或繼續往來嗎？恐怕，對方不會再和你維持良好關係了。這難道不是一件十分可惜的事嗎？人際關係的連結，就這樣消失了。

到目前為止說明的內容，可能有些艱深。不過，認同對方的存在，以考慮、滿足對方願望為前提來交涉，這正是不強勢、不擅言辭的人的基礎。

如果能做到這一點，當你滿足了對方的願望與需求，想必對方也會盡量貼近並滿足你的期望。

Point

你肯滿足對方的心理需求，對方也就願意滿足你的需求。

5 讓對方先說，但不用照單全收

前一節提到滿足對方的願望，但具體來說到底是什麼意思？你又會聯想到什麼？是無條件接受對方的要求，或是迎合對方？答案其實都是「NO」。所謂滿足對方的願望，並不是他說什麼，我們就照單全收。

這裡的「滿足對方的願望」是指，在你說出想說的話或想實現的希望之前，先表現出理解對方的態度。進一步說，就是表達你理解對方的需求為何、以及其需求的背後因素。而前提就是，你必須先傾聽對方說話。

徹底扮演聆聽的角色，讓對方盡情說出想說的話。依據觀點不同，對方單方面說話，看起來好像掌握主導權、處於有利的地位；而聆聽的一方好像被動接受攻擊一樣。

不過，交涉時最重要的事，是要了解自己、了解對方。我方想要什麼？對方是什麼樣的人、要的是什麼？如果不了解這些重點，就茫然的交涉，對雙方來說沒有任何好處。

為了明白對方是什麼樣的人、在想些什麼，請直接開口詢問，仔細傾聽對方說話，並關注他的真心話和真正的意圖。

如果對方回應了你的提問，就再進一步詢問，產生共鳴。或者是實踐積極聆聽（請見第一二〇頁）的技

我先不說，讓對方先說話，並仔細觀察。

巧，像是換個方式重述對方的話等，或是實踐有效的沉默，或適時隨聲附和等消極聆聽（請見第一三九頁）的技巧，以挖掘對方的真心話和真正意圖。

只要謹記深入理解對方並用心傾聽，隨著對方越說越多，我方也越聽越多，對方便會開始萌生信賴感，願意再多說一些。

重要的是讓對方多說話，讓他覺得「你接納了我的意見和想法」。甚至一開始即便完全不說自己的意見和希望也無妨。等到聆聽技巧越來越熟練，對方就會覺得「他試著了解我」，而得到滿足。

但其實，我們並未接受對方任何的條件，只是聽他說話而已，光是這樣就可以滿足對方了。接著，對方因為有人傾聽而滿足，就算嘴上不說，心中也會感謝身為聆聽者的你，因此也會願意聽你說話。

所以，千萬別因為認為「不可以示弱」或是「口才差就會被吃乾抹淨」，而用力過猛，結果唐突的全盤托出想傳達的內容。要是勉強自己這麼做，就不是原本的你了，而對方也會覺得很奇怪。這樣一來，交涉過程非但不順暢，甚至可能留下令人遺憾、惋惜的結果。

就算你十分想把訊息傳達給對方，也請先放下想說話的衝勁，仔細聆聽對方在說些什麼。「先滿足對方」正是交涉成功的捷徑。

Point

先不說自己的願望，讓對方暢所欲言。

6 交涉的基本功：準備、對話、結尾

接下來，要認真進入主題了。

交涉的過程，大致可分成準備、對話、結尾三階段。

只要在各個階段，略微發揮一些巧思，就可以大大改變進行的方式和結果。我會分別在不同的章節說明詳細內容，這一節先簡單說明到底需要什麼樣的巧思。

・準備：先了解自己

談判前的事前準備極為重要，卻很容易被忽略。

所謂的準備，不是指先去掌握談判對象的資訊。對方的資訊固然重要，不過我方先準備好更為重要。換句話說，就是要先知道自己想要什麼。或許有人會覺得：「搞什麼啊，這不是理所當然的嗎？」不過，應該沒有多少人能確實做好這一點。

光用腦袋想，可能會想出一些表面的願望，如「我想要那個」、「我想用多少錢買」、「我想去那裡看看」、「我希望他這麼做」等，但這些可不一定就是你真正期盼的。

所以，為了明白自己真正的期望，在交涉之前，請先試著將「我想要什麼」列成清單。而且，我強烈建議各位別只是在頭腦裡想，而是要實際把這個清單列在紙上。

用文字寫下企求的結果和希望，一方面可以整理腦中的思緒，另一方面還可以確實掌握自己想要什麼，也有助於傳達給對方。

這麼一來，當對方提出要求，我們就可以清楚的劃出界限，知道該不該讓步；如果可以讓步，又能讓多少。像這樣，深入探詢追求的目標，既可以發現自己執著的程度，也可以整理情緒和思考。

如果沒做這些準備就開始談判，便無法彈性因應對方出的招，也無法按照自己真正的意思交涉。為了能更順利，請事先列好清單，好好整理。

第二章將會詳細說明這部分的內容。

．對話：聆聽後產生共鳴

對話，就是在實際交涉時，和對方交談。前面也提到，對話時先別急著傳達自己的意見和希望、需求，而是先傾聽對方說些什麼。

有一點希望各位注意，我說的是「傾聽」，而不是「聽到」。不只是聽對方說話，而是要專注的聽出話中的真意和情緒，這一點很重要。

談判時，我們總想著要趕快提出要求和希望，結果就很容易偏重在說話。不過，還是請各位忍耐，儘量讓「傾聽：說話」的比例維持在「七比三」，能維持在「八比二」更好。

重點是透過提問，探出對方的所求、內心深處的真意等，並針對隱藏在話中的情緒表示關心、表達共鳴。只要展現出專心傾聽的態度，對方也會被你打動。這麼一來，就能順利對話，也能在維持我方步調的狀態下交涉。

第三章、第四章會詳細說明這種傾聽的方法。

•結尾：抱持敬意、施加壓力

結尾是談判交涉的最後階段。在這個階段，又該發揮什麼樣的巧思，才能獲得令人滿意的結果？

在結尾時請注意，要抱持尊重對方的態度，但是在這個階段，也必須多少對交涉對象施加一些心理壓力。不強勢、不擅言辭的人，說不定會覺得這個階段最棘手。首先，我要請這樣的人對自己說：「結尾時，我可以向交涉對象施壓。」

所謂的談判，無論結果是否令人滿意，總之就是雙方都要得到結論。而結尾正是促成結論的階段，所以必然要給對方壓力。因此，你可以向對方施壓，問題只剩下施壓的方式。

第五章會說明具體的內容，但重點就是為對方著想與抱持敬意。結尾時，如果能展現出著想、尊敬對方的誠意，也更容易讓人信服。

像這樣，在每個過程做好準備，改變自己的觀念與想法，就能得到令人滿意的交涉結果。

Point

要向對方施壓，也要對對方抱持敬意。

互惠原則——有來有往，歡喜互惠

所謂的互惠原則是一種心理效應，當人們接受對方的好意或服務等，滿足了自己的期望時，也會想要「禮尚往來」的心情。

不論是在平時，或是在工作場合，這種心理效應其實很常見。

日常生活中，有哪些時候看得到這種效果？舉例來說，大家應該都在玩社群軟體，如果朋友對你的貼文按「讚」，你是不是同樣會為他的貼文按個「讚」？這就是互惠原則發揮作用的時候。

如果是商務場合，我以超商廁所為例。當你內急而借用了超商的廁所後，是不是也會莫名的，在那家超商買些東西再離開，這同樣也是基於互惠原則。

這種心理效應，其實可以再細分為好意的互惠、讓步的互惠、自我揭露的互惠（正確來說，還有一種「敵意的相互性」）。

好意的互惠，是指當對方展現好意和親切時，你也想有所回報或回禮的心理。舉例來說，當對向車禮讓你先行時，你也會閃燈以示感謝，這就是好意的互惠。

讓步的互惠，則是指當對方讓步、向你靠近時，你接下來也會想要靠近他一步的心理。以談判和解為例，對方原本希望的和解金為一百萬日圓，當他願意退讓到八十萬日圓時，你也願意把和解金由一開始的五十萬日圓，提高到六十萬日圓，這就是讓步的互惠。

自我揭露的互惠，指的是當對方告訴你他原本不太想透露的事，或者是他的祕密時，你也會對他敞開心胸。例如，在交流會上交換名片時，當對方告訴你他的小祕密：「其實我今天襪子穿反了。」你往往也會告訴他自己的小祕密：「老實說，我今天來的時候，也坐錯車了。」像這種情形，就是自我揭露的互惠發揮作用。

如果想巧妙活用互惠原則，關鍵就是提供服務、滿足對方的需求，「如果有這個（如果有人為我做了這件事），我就會很高興」。不過請各位小心，太誇張的服務反而會帶給對方罪惡感，這樣就無法發揮互惠原則了。

第二章

你想達成的目標？別光說，寫下來

1 先問自己，我的期望是？

和對手談判、交涉前，我會先花點時間，釐清自己期望透過這次交涉，真正想達到的目的究竟是什麼。

第一章提過，用大腦去想的表面思考中，會得出一些如「我想要那個」、「我想用多少錢買」、「我想去那裡看看」等願望。可是，這些願望是否是你真正想要的？其實答案經常是否定的。事實上，你真正期盼的，很有可能隱藏在表面的願望之下。

我舉個具體的例子，讓大家更容易了解。比方說，你正在計畫和朋友來趟泰國之旅。

假設這時你們正在討論到泰國以後要做什麼。你想在離島的度假區好好享受海景，可是你的朋友不太想出門，只想待在飯店裡悠閒度過假期。此時，如果你依舊想照你的期望跑行程，也就是去離島的度假區，並按照這個期望去跟朋友交涉，結果會如何？萬一彼此意見不合，最後結論變成「我們還是各自行動吧」，想必會讓人十分難過，也很寂寞吧。

不過，如果事前先想清楚自己在這趟旅行中，真正想體驗的事是什麼，說不定結果就會不同。

此時何不先問問自己，為什麼想去離島度假區？去離島度假區想做什麼？是想在海中游泳嗎？還是想在海灘悠哉的閒晃？一邊想想在這趟旅行中真正想體驗的是什麼，一邊尋找答案。

結果你發現，之所以想去離島的度假區，是因為「想遠離喧囂，好好放鬆」和「想在大自然中獲得療癒」。這麼一來，你想實現的，與其說是去離島的度假區，不如說是想放鬆、想在大自然中療癒身心。也就是說，自己能滿足的條件，變得更抽象了。

這樣一來，就算交涉後採納的是朋友的提案，目的地並非離島的度假區，但只要旅行的地點遠離喧囂、可以讓你放鬆、讓你在大自然中獲得療癒，同樣可以實現你的期望。對交涉結果的滿意度，也一定不會太低。

就像這樣，在開始交涉前（在交涉中途也無妨），先和自己對話，深入了解真正想要的是什麼、想做的事是什麼，追求的目標就會更明確。事先知道心中真正的期盼，在交涉時就可以彈性的因應，尊重對方的期望，同時讓自己更滿意。

我和委託人談話時，也會仔細聆聽，探究對方到底想要什麼。

委託人大都會期盼「希望你務必這麼做」。可是當我不斷提問，深入了解後，就會發現隱藏在最初條件背後的期望或希望，而且其實連委託人自己都沒有察覺。

人們不了解自己的程度，總是令人出乎意料。

甚至有些人只要有了想實現的目標（希望），就會固執的認為那就是一切。不過，如果只執著於表面上的希望，不去深入了解真正的目標，視野就會越來越狹隘，選擇也會越來越少。正因如此，事先準備好數個能滿足自己冀求的選項，和他人交涉時就會更順利。

不知道大家是否已經了解？為了讓自己更滿意最終的結果，重要的是別執著於一開始腦中想到的期望，而是要和自己對話，找出心中真正的希望和期待是什麼。

Point

先問問自己：「我的目標，是我真正想要的嗎？」

2 如果達成，可以得到什麼？

我想大家已經了解，交涉前先找出自己真正的冀求、想要的是什麼，有多麼重要了。接著介紹具體的尋找方法。

如前所述，人們往往以為腦中最早浮現的，就是自己真正的期望，然後便被它拘束。然而，如果執著在單一期望上，當對方提出的條件與你的期盼不同，即使只有些許差異，你也會心生不滿，無法滿意結果。

為了找出自己到底想要什麼，我建議大家在一張紙上列清單。這張清單不需要是冗長文章，簡單條列也行。

首先，請針對第一個想到的希望，問問自己：「這樣做可以得到什麼？」

如果想到什麼答案，就全部寫下來。

寫下答案後，再針對每個答案進一步追問：「這樣一來，可以獲得什麼好處？」然後同樣的，試著寫下所想到的，不斷重覆這個動作，最終就可以找到心中真正企求的目標。不需要想得太複雜，只是簡單的詞彙或單字也行，請先全部寫出來。

就算覺得好像想不出什麼，也請各位先準備好紙筆、放在面前。這樣一來，就可以啟動思考的開關，更容易浮現心中的想法和感受。

寫在紙上時，重點是要誠實的面對自己。在和自己對話的過程中，不必覺得寫這個願望好像不太好，或者覺得「這個期望好像不太實際、偏離常識」、「寫這種希望好丟臉」等。請誠實面對自己，不要有所遮掩、逃避。

如實寫下所有想到的事很重要。不管有多麼無聊，多麼悖離社會常識和倫理道德，都沒關係，反正其他人看不到。如果太在意常識或倫理，反而會扼殺好不容易浮現的真心話，所以請老實的寫下來。

〈自己的期望〉去泰國旅行時，要去離島的度假區

Q：自問
去泰國離島度假區，可以獲得什麼好處？

A：回答
・能享受奢華的氛圍。
・能朝聖電影拍攝地。
・身心舒暢，神清氣爽。
・看海放空也是一種療癒。
・看著夕陽也是一種療癒。
・可以穿上新買的泳裝。
・可拍出上傳社群網路的美照。
・能大吃特吃海鮮。

Q：自問
・享受奢華的氛圍，可以獲得什麼好處？
・朝聖電影拍攝地，可以獲得什麼好處？
・身心舒暢，神清氣爽，可以獲得什麼好處？
・看海放空也是一種療癒，可以獲得什麼好處？
・看著夕陽也是一種療癒，可以獲得什麼好處？
・可以穿上新買的泳裝，可以獲得什麼好處？
・可拍出上傳社群網路的美照，可以獲得什麼好處？
・能大吃特吃海鮮，可以獲得什麼好處？

A：回答
・享受奢華的氛圍，可以實際體會到寵愛自己的感覺。
・朝聖電影拍攝地，當下會興奮不已。
・身心舒暢，神清氣爽，工作可以重新出發。
・看海放空也是一種療癒，可以消除疲勞。
・看著夕陽也是一種療癒，感動不已。
・讓別人看看穿上新泳裝的我，我會很高興。
・拍出美照上傳社群網路，大家會幫我按讚。
・大吃特吃海鮮，會讓我感覺真的來到海邊度假了。

在這個階段，還不需要重新一一檢視清單內容，總之先寫下來再說。如果無法察覺自己的真心話，就無法找出真正的目標或希望。這張清單不必給別人看，所以不用裝模作樣，請提醒自己老實的寫出來，以找出內心真正的想法。

Point

不要閃躲或逃避，全部寫出來。

3 如果沒達成，可能損失什麼？

條列出希望清單，有兩個好處：一是可以藉此整理想要實現的希望和條件，二是能發掘自己真正的所求。

條列出想達到的目標與希望後，也要試著寫出實現後的優點和缺點。這樣一一列舉後，就可以知道當目標實現時，自己覺得會呈現什麼樣貌。

列舉時的重點，就是思考實現希望時的缺點。一般人很容易就會想到實現時的優點，卻很難注意到達成後會有什麼缺點。這是因為我們往往不會深入挖掘需求背後的壞處。

為什麼必須列舉實現時的缺點？相對於積極的改變現狀、往自己想要的方向發展，如果發現自己同時也會下意識的抗拒結果，就必須去察覺這樣的心理。舉例來說，假設你想和現在的另一半分手，卻總是遲遲無法開口。此時，你就可以審視一下分手的優點和缺點。

優點可能是會有自己的時間、可以把錢用在自己身上等。另一方面，缺點可能是共同的朋友會好奇你們的關係，或是有人會過度的問東問西。

意識到缺點後，就可以理解自己可能是擔心分手後，會被別人閒

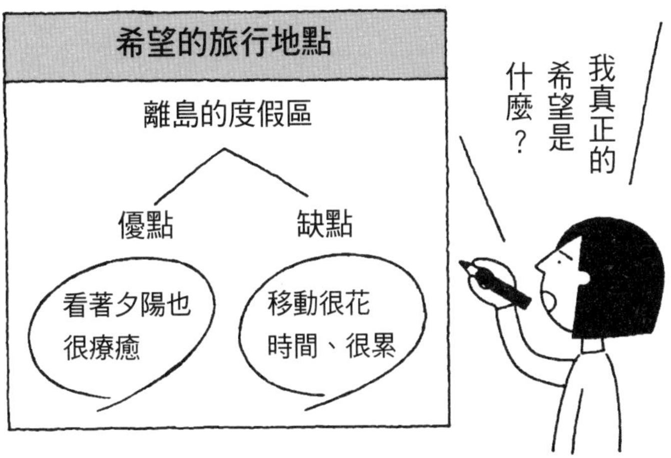

列出優點和缺點，才能完整的檢視心中的期望。

■列舉優、缺點，寫成清單

去離島度假區的優點	去離島度假區的缺點
·能享受奢華的氛圍。	·前往離島花錢又花時間。
·能朝聖電影拍攝地。	·耗費體力、很累。
·身心舒暢，神清氣爽。	·物價很高。
·看海放空也是一種療癒。	·語言不通。
·看著夕陽也是一種療癒。	·飯店設備不好。
·可以穿上新買的泳裝。	·沒有便利商店。
·可拍出上傳的美照。	·沒有Wi-Fi。
·能大吃特吃海鮮。	

言閒語……這麼一來，你就可以發現，因為不喜歡這種狀況，所以有另一個自我，寧願選擇維持現狀、不分手。

像這樣，聚焦壞處，可能會讓你覺得好像在否定自己的願望。但重要的是客觀檢視自己，了解真正的企求到底是什麼，以及為什麼會有這種期望。

只關注優點的話，只能看到自我的其中一面。若同時注意到優點和缺點，才能了解真正的完整需求。當你列舉出優、缺點後，再檢視一下這張清單，就可以明瞭「原來我是這麼想的」。

再回到先前和朋友去泰國旅行的例子。想去離島度假區的你，覺得優點包括了「能朝聖電影的拍攝地」、「看著夕陽也很療癒」。另一方面，缺點則是「去離島花錢又費時」、「耗費體力、很累」等。

「想療癒日常的疲憊」應該算是共通的目的。如果達成該目的很重要，就沒必要堅持己見、非得去離島的度假區不可，而是如朋友的提案，住在海岸飯店、療癒身心。就算不是身處離島，也同樣能享受十分滿意的泰國之旅。這麼一來，溝通時就可以順利的得出結論。

理解期望背後潛藏的真正所求，溝通時就更有空間、更能彈性因應。請各位務必列出實現希望時的優、缺點吧。

Point

同時列出實現願望時的缺點，才能真正了解追求的目標為何。

4 然後一一條例

前一節提到，要同時列舉實現期望時的優、缺點，此時不須受限於常識和倫理，想到什麼就寫下來。

接下來則要逐一驗證列舉的內容。因為光用敘述的很難理解，這裡請各位一邊參見第六十一頁的圖表，我一邊說明。

這裡就用先前提到，想分手卻遲遲分不了的例子來說明，這也是很棒的談判交涉之一。

接下來，請逐一驗證列舉的項目。這時，我偶爾也會自我吐槽：「真的是這樣嗎？」、「會不會我自以為是這樣？」、「也有可能不是吧？」就如第

■和另一半分手的優、缺點

優點 分手後，有什麼好處？	缺點 分手後，有什麼壞處？
‧有很多自己的時間。 ‧遇到更棒的新對象。 ‧專心在現在的工作上。 ‧跟同性友人到處去喝酒。 ‧省錢、存錢。	‧不會再有人如此理解我。 ‧一個人旅行好寂寞。 ‧一個人不好意思進網美店。 ‧晚上沒人陪我聊天。 ‧周遭人會說閒話，很難在公司待下去。 ‧他會跟別人說我的壞話。

■檢驗缺點

優點 分手後，有什麼好處？	缺點 分手後，有什麼壞處？
‧有很多自己的時間。 ‧遇到更棒的新對象。 ‧專心在現在的工作上。 ‧跟同性友人到處去喝酒。 ‧省錢、存錢。	‧不會再有人如此理解我。 ⇧ 真的是這樣嗎？ 他真的理解我嗎？ ‧一個人旅行好寂寞。 ⇧ 約家人或朋友一起去 不就好了？

（接下頁）

優點 分手後，有什麼好處？	缺點 分手後，有什麼不好？
	・一個人不好意思進網美店。 ⇧ 不會吧？約朋友一起去不就好了？ ・晚上沒人陪我聊天。 ⇧ 打電話給朋友不就好了？ ・周遭人會說閒話，很難在公司待下去。 ⇧ 公司裡可能根本沒人在意。 ・他會跟別人說我的壞話。 ⇧ 根據是什麼？曾發生過類似的事嗎？

六十一頁至第六十二頁表格，畫底線的句子就是待驗證的部分。

列舉後，如果得到正面結果，那麼其實不特別驗證也沒關係。可是，如果列出來後，發現了貶低自己、自責的負面內容，最好驗證一下。因為自我貶低、自責，常常只是在鑽牛角尖。列出之後，就可以一一看清這些偏執，再進一步驗證「真是如此嗎」，或許就能消除執著的想法。

當自己不再鑽牛角尖，真正的企求就會更為明確。

Point

發現負面內容，就多吐槽、反駁。

5 接下來，事情會如何演變？

列舉出期望條件的優、缺點後，其中當然也會出現負面的內容；而這些內容的背後，往往潛藏著害怕、悲傷、生氣等消極情緒。其實就像前一節提到的，只要深入探究列舉的結果，思考：「這麼一來，事情會如何演變？」就可以擺脫這些壞情緒。

舉例來說，假設夫妻雙方協議離婚時，丈夫其實不想離婚；相對的，妻子則想離婚。這裡，我們就來釐清丈夫的期望——不離婚，有哪些優、缺點，結果如左頁表中列舉的。

就像這張表所示，假設丈夫認為「已婚可維持公司和往來客戶的信任」，

■對男方來說離婚的優缺點

不離婚的優點	不離婚的缺點
·已婚可維持公司和往來客戶的信任。 ·不需要花搬家的費用或重新買家具。 ·不用付高額扶養費或贍養費。	·關係陷入冰點，待在家裡很難過。 ·無心工作。 ·無法和其他女性交往。

之所以會這麼想，是因為認為離婚會導致公司和往來客戶不再信任自己。

現在這個時代，還認為離婚會導致公司或客戶不信任自己，實在有些不切實際。可是，的確還是有人會這麼想，所以我才舉了這樣的例子。

那麼，「離婚會失去公司和往來客戶的信任」，這個想法背後又潛藏著什麼樣的情緒？是不是因為失去信任導致的不安、恐懼，也就是「害怕」的情緒？因此我們要再深入思考，失去公司及客戶的信任，又會如何？

假設這麼一來，就「無法在職場安心

工作↓很難待在目前的職場↓必須想辦法再找工作↓可是已經這把年紀了，沒有公司願意雇用」。這樣持續追溯之後，就可以釐清丈夫心中真正擔憂的事情是什麼。

潛藏在這個想法背後的根本原因，應該就是害怕和困擾，或是擔心生活變得貧苦。說得嚴重一點，就是對生死的恐懼。

別放著列舉的負面內容不管，而是要像這樣深入探究，找出背後潛藏的情緒。明白自己到底害怕什麼？對什麼事感到困擾？這些負面情緒到底是什麼？應該找出癥結，冷靜面對。

透過這個過程，有時就會發現，擔心失去公司和客戶的信任造成的不安、恐怖，也就是所謂害怕的情緒，其實沒有那麼嚴重。當事人雖然很生氣、傷心，可是看在他人眼裡，說不定會覺得影響好像也沒有那麼大？各位應該很常遇到這種狀況。

這是因為旁觀者清。身邊的人較能客觀的從大局看事情，也就更能一一釐清原委。列舉清單其實就是為了達到這種效果，建議各位在交涉前，務必嘗試看看。只要能這樣冷靜面對自我情緒，選擇時就不會被情緒牽著鼻子走。

我想這是很多人都沒想到，或是想不到的癥結，甚至連交涉對象都可能壓根沒想過。了解潛藏在期望背後的真心話與情緒，不但會影響交涉結果，對結論的接受程度也大不相同。

Point

找出根本原因後，會發現負面情緒其實也沒什麼大不了。

個性不強勢的交涉術

允許自己擁有負面情緒

人生來就是透過感官體驗各種情感。嚴格來說，我們似乎有兩種能力，一是情緒引發身體反應，二是身體反應激發情緒。

例如，在悲傷時，會覺得胸口好像被緊緊抓住般疼痛；恐懼時，身體會不自覺的發抖。到底是因為我們感到悲傷或恐懼，才激發身體反應，還是身體先有反應，當這種感覺傳達到腦部，然後才產生悲傷或恐懼等情緒？深入的說明，先暫且交給專業書籍，但這裡我想表達的是，不論是身體反應或情緒，其實都是一體兩面的。

所以，在進行本章說明的列舉過程時，為了找出內心真正的情緒，請各位也要注意身體的反應。

這裡我以恐懼為例。首先，假設此時你內心正感到恐懼，請注意一下身體的哪個部位、殘留著什麼樣的感覺。如果你體會到了某種感受，請仔細的體驗一下。

只要你允許自己透過身體感官來體驗情緒和感覺，那麼一開始萌生的感覺和情緒就會逐漸減弱，最終消失，這就是所謂的「消化情緒」。

以第六十四頁的例子而言，丈夫認為會因為離婚，而失去公司和往來客戶的信任。但深入探究後，最終發現是擔心「已經這把年紀了，找不到公司願意雇用我」，潛藏在背後的情緒其實是害怕。事實上，先不討論是否再也不能安心工作，會不會很難在職場待下去，首先是不否定心中「害怕」的情緒，並允許自己去感受。

「萬一真的丟工作了，很可怕」、「害怕是應該的」，就像這樣，不論有沒有說出口，都要接受害怕的情緒。如果硬是壓抑，或是不允許自己感受這種情感，交涉時便會堅持起初的條件，甚至可能做出非必要的讓步。這麼一來，也會離原本的期望條件越來越遠，最終無法獲得滿意的結果。為了依照內心的真正意圖和心意提出條件，重要的是誠實感受並消化負面情緒，確實實行消化情緒的步驟。

而消化情緒時，有時會伴隨著哀痛。當然，情形會因狀況而不同，如果無法獨自承受，千萬不要硬撐，向諮商心理師等專家諮詢也是方法之一。

6 擬備案

不知道大家是否聽過「BATNA」（備案）？這個詞是「Best Alternative To Negotiated Agreement」的縮寫。照字面翻譯的話，就是當交涉無法取得共識時的最佳替代方案。換句話說，就是當交涉沒有結論或破裂時，你可以選擇的備案。

交涉時，最容易掉入的陷阱，就是陷入悲觀心態：「萬一這次交涉破裂的話，一切就完了。」或是認為：「既然如此，不得已只好做出某種程度的妥協……」等。

當對方期待的條件和自己的期盼相去甚遠，更容易陷入這種心態之中。此外，越堅持自己的期望和條件，就越容易覺得「不能輸」。這麼一來，交涉時就很難彈性的因應，因此必須準備備案。

準備備案時，最重要的是明白實現希望或要求時，自己真正想得到的是什麼，然後思考能達到目的的備案。

先預想交涉決裂時，或者起初就不交涉的情形，再思考一下為了獲得真正想要的東西，還有其他哪些選項。然後從數個選項中，帶著最能讓自己滿意的選項作為備案，並前往交涉。

比方說，我們以諮詢顧問合約為例。

假設管理顧問A，每個月向客戶B公司收取三十萬日圓的諮詢顧問費。可是A覺得自己現在的技巧已更上一層樓，所以今後想要求每家公司支付四十萬日圓的顧問費。站在A的立場，他不希望增加客戶數量，只想提高費用。

此時，如果是一般的交涉方式，雙方就會把焦點鎖定在金額，彼此試探，最後找出雙方相互讓步的妥協點。以這個例子來說，還可能有什麼其他備案？

首先，要決定備案時，最重要的是把重點放在想要達成的目標（或是想達到什麼狀況）。

以前面的例子來說，我們思考一下，這位顧問期待的狀況是什麼。其實就是「以每月四十萬日圓的價格，提供已升級的諮詢服務」。所以，這個例子中的備案，就是除了B公司以外，再去找其他願意支付顧問能力升級的A，一個月四十萬日圓諮詢費的公司。

有了這樣的備案，即使雙方交涉失敗，從好的角度來看，A也可以痛下決心另謀高就，不必執著於一定要和B公司達成交涉，而且也不必因此妥協、配合對方提出的條件。既然能力升級了，這反而是開發新顧客的好機會。

像這樣，事先擬好備案，就可以讓自己更遊刃有餘。即使交涉決裂，也有其他方案可達到目的，換句話說，也就是即便輸了，還有其他路可走。這樣一來，就不必執著於「無論如何都要交涉成功……」，而做出預料之外的讓步。

設定備案的重點之一，就是跳脫與當下對象的交涉，把目光放在其他地方。因為一件事的解決方案，並非只能透過與交涉對象溝通來找出，只要能實現自己真正的目的即可。所以，不妨輕鬆的列出備案。

另一方面，交涉對象可能也準備了自己的備案。以前面的例子來說，B公司說不定也想著，如果無法和A維持每月三十萬日圓的顧問諮詢合約，那就用同樣的、甚至是更便宜的費用，去找其他顧問合作。

如果可以預想到交涉對象的備案，也有助於低調的破壞對方的計畫。可以事先準備好自我推銷的話

帶著備案，從容的交涉吧！

術，引導對方以為「拒絕這個建議，可能就會損失」、「或許答應他的條件才有利」。

同樣用前面的例子說明，這時A也可以標榜「我拜日本知名的資深顧問為師，學到了一些新技術，正打算用來為貴公司服務」，或者是「我希望今後只為幾家公司服務」等，相當於自我推銷的話術。

能這樣破壞交涉對象的備案，也是因為我方事先準備好替代方案。如此一來，心情就更餘裕，也可能打亂對方的交涉策略。

Point

事先擬好備案，不執著於交涉成功。

7 交涉過程有情緒，很正常

大家從小是不是在不知不覺間，被教導了「不可以有明顯的好惡」、「不能討厭別人」等觀念？這些觀念或許來自父母，也可能是在學校學到的。又或許是前人的教誨流傳下來，無意間就受到影響。

另一方面，或許大家也會認為，就是沒辦法喜歡特定的事物或人物。有時是生理上無法接受，有時是對某人的長相、說話方式、動作、服裝、人生觀就是沒有好感。從某個角度來說，這也無可奈何。

話雖如此，但大家好像總是很避諱去厭惡特定的人事物，特別是老實正經的人，還常常會自我貶低：「像我這種人，哪有資格去討厭別人。」

不可以討厭別人的心態，到了交涉時就會化為他人優先的觀念，很容易演變成不能拒絕對方的要求、非得接受的心態。一旦有了這種心境，交涉時就會越來越難提出自己的意見和希望，所以一定要避免。

我覺得，要求自己不能討厭特定的事物或人（人的特徵），就是封閉實際的感受，最後也會演變成自我否定，甚至對自己說謊。這麼一來，就越來越難發現真正的希望是什麼。

不過，至此為止所用的「討厭」兩個字，我覺得語感有些太強烈了。所以我們不妨換句話說，轉換成「和自己合不來」。

事實上，我們其實也不是厭惡某個人或東西，而是「那個人擁有的某種特徵和自己不合，所以討厭」。因此用和自己不合的說法，是不是更合宜？

其實，不過是某樣東西或某人的特質，和自己當下的感覺合不來而已。我希望大家注意的是，我並不是指別去接觸和自己不合的東西或人，或者是別和不合拍的人往來。

原則上，重點就是要了解「我討厭什麼」、「什麼不適合我」等感受和情緒，讓自己可以在這個基礎上，選擇：「我是要接近，還是要遠離不適合自己的事物？」、「我要和不合拍的人往來嗎？還是別再往來？」

如果你覺得自己的偏見很強烈，認為絕不可以討厭人事物，或有好惡不是好事，請敏銳的觀察日常生活中，自己會厭惡什麼？什麼樣的事會讓自己不舒服？自己不擅長做哪些事？

我建議各位，最好列出至少三十個到五十個答案。

不論是多麼瑣碎的小事都無妨。如果可以的話，最好附上理由，像是：「因為〇〇很▲▲，所以我討厭！」舉例來說，可以列「〇〇的動作很詭異，讓我害怕，所以我討厭他。」或者是「△△說話的速度實在太快了，好像會被他的氣勢壓倒一樣，我覺得很害怕，所以討厭他」等。

各位在列舉這些內容時，可能會陷入自我厭惡的情緒：「原來我討厭這種事啊？」甚至可能會想逃避、假裝沒看到。不過，最重要的是，承認這也是一部分的你。

最主要的原因在於，這麼做的目的不是要指責別人或東西，而是要正視內心浮現的厭惡，「啊，原來我討厭這種事」，用俯瞰的角度審視自我。

慢慢接受討厭某人、討厭某些事物的自己，並設法原諒，之後你能選擇的範圍，自然會更為寬廣。既可以選擇自己喜歡的選項，也可以選擇「我雖然討厭這個部分，但其他部分還是有優點，所以這次就先這樣抉擇」。

這樣一來，我們就能用更餘裕的心態去交涉。

Point

釐清自己討厭什麼，就能知道可以接受什麼。

8 找出你和對方的共通點

交涉是一種溝通，目的是和期望與條件都迥異於自己的對象，達成某種共識。因此，為了在交涉中滿足我方的要求，圓滑的溝通也越來越重要。

為此，找出自己和對方之間的共通點，也是有效的手段。只要找出共通點，就可以縮短和對方的距離，彼此湧現親近感，並建立夥伴意識與信賴關係（Rapport）。

一旦建立了信賴關係，彼此之間就會摸索出達成共識的方法，也不會在不經意間就破壞人際關係。

在對話中找尋共通點也是好方法。如果事前能盡量蒐集交涉對象的資訊，也很有幫助。

我談判協商的對象，往往是身為代理人的律師。為了事先找出和對方的共通點，我會先上對方的事務所官網，瀏覽一下律師介紹的頁面。

在律師介紹欄位中，有時除了簡歷之外，還會刊載該律師的興趣或特殊技能等。先掌握這些資訊，就能知道對方是什麼樣的人，再找出他和自己的共通點，以求在溝通時派上用場。

就算對方只是單一個人，也可以透過網際網路或社群網路服務等蒐集資料。在協商前先了解對方的出身地、興趣、簡歷等，對話時也更容易找話題。

在心理學中，這就是所謂的「相似性效應」。如果對方的出身地區、興趣等，和自己有共通點或相似之處的話，彼此就容易萌生親近感，容易對對方產生好感。找出雙方的共通點，有助於在短時間內拉近和對方的距離，建議大家多多嘗試。

每個人的反應當然各不相同。不過，我相信不會有人因為和對方有共通點，而覺得厭惡。所以，只要你和對方有共通之處，說出來絕對不吃虧。

這裡介紹我自己的例子。但提出共通點的人不是我，而是對方。

這是我和不動產仲介公司交涉時的事。當時我想賣掉手中的小套房，正在煩惱該委託誰才好。就在這時，有家不動產仲介公司詢問我，想不想賣房子。

我高中時曾參加棒球隊，非常喜歡棒球。而仲介公司的窗口，在高中時也是棒球隊的一員，和我同樣熱愛。他在我們事務所的官網上，發現我們有這一項共通點，便在見面時提出來，結果我們聊得很投緣，我也覺得他十分親近、值得信賴。方法其實很單純。

雙方因為有共通點，關係更顯親密，接下來便見面了。雖然最終之所以決定請他們協助出售小套房，是因為他們懇切的態度與提出的好條件。不過，如果我不知道彼此有這樣的共通點，應該也不會走到具體詳談的階段。

我想，其實有很多時機可以提出共通的話題。你可以在對話快結束時，不經意的提到：「對了，你……。」但是請千萬別誤會，以為對話時非得要提出某些共通點。其實缺少這些話題，一樣能交涉。這些只不過是些許的「調味料」罷了。

順帶一提，如果對方對於對話意興闌珊，你也找不出什麼共通點時，不妨試試自我揭露，這也是有效的方法。首先透露自己的資訊，有時可以讓對方因此找到你們的共通點（自我揭露的互惠，參閱第四十三頁）。

不知道站在眼前的是什麼類型的人，不是只有你會不安，其實對方也一樣。告訴對方自己是什麼樣

和對方有共通點，就容易萌生親近感。

的人，可以讓對方稍微放下戒心，開始說些關於自身的話題。這麼一來，就能建立信賴關係，更可能形成友好的交涉。

然後，對方也更容易理解我方期盼的條件，我們就能更輕易的得到期望的協商結果。

Point

如果真的找不到共通點，就透露一些自己的資訊。

第三章

同理比說理，更有力

1 常識放一邊，先聽對方怎麼說

我們每天都會在工作場所或私下與人交談，交涉某些事情。這時，你會不會偶爾覺得，對方說的話好像有些違背常識、實在很難接受他的說法？甚至，有時候還可能會覺得「真是浪費時間」，或者是「到底要怎麼說，他才聽得懂？」真是讓人氣得牙癢癢的、坐立難安。無論如何，我想不會有人想要一直聽這種話吧。對於這種心情，我是心有戚戚焉。

這時，大家通常會怎麼做？你會不會反駁「可是，社會上一般都是認為○○啊」，然後等待對方接受、採納？如果對方能因此理解，自然是最好。但對方應該沒這麼容易放棄己見、贊同你的說法。

這是因為對方覺得，你根本沒有聽進他說的話，不了解他的想法、情緒和心情。所以為了得到你的共鳴，對方通常會不斷的重複相同的話。但這麼一來，既不能縮短協商時間，也無法讓你理解。

反之，他心中還會累積不滿的情緒：「你根本不懂我想說什麼！」反而讓問題越來越嚴重。而且，這時你也會倍感壓力。

我身為一名律師，平日為了處理客戶的糾紛案件，會做各式各樣的談判交涉。這些糾紛案件常常是離婚、繼承、金錢糾紛等，當事人的情緒往往很激動。因此，有些委託人會對糾紛主因的事實關係，或對另一方提出的條件或主張感情用事，希望把所有想得到的請求和不滿全丟給另一方，才會覺得痛快。

此時，對於提出超乎常理的要求或主張的委託人，即使我勸告：「這已經脫離常識了，不可能。」或是說「根據過去的判例或現今的裁判實務來看，很難做得到。」委託人依舊無法接受我的說法。

那麼，這時該怎麼做才好？我只能在向委託人說教之前，先努力傾聽他所說的話，這是唯一的方法。

傾聽時，不要依據常識做價值判斷，也不要批判對方。更不能被對方的表面說詞迷惑，而是要挖掘這些話語背後隱藏的、對方真正的感受（下一節會說明傾聽的方法）。

而且偶爾也要回應對方，例如可以反問：「關於這個部分，你可以再說得詳細一些嗎？」這麼一來，對方就會覺得：「他的確在聽我說話，會接受我的意見。他對我感興趣。」也會更願意說出真心話，這種狀況很常見。

你認為這麼一來，事情會如何發展？

對方因為覺得你誠懇的聽他說話，自然也會理解你所說的。在交涉的場合，這樣一來雙方就可以平和、順利的對話，找出彼此都接受的解決方案，最終得出結論。

像這樣，把常識放一邊，先傾聽對方說話，也是能縮短時間、順利推進對話和協商的方法。

Point

無論對方說的話多麼違背常識，都先耐心傾聽。

2 聽到不等於聽懂

交涉時，重要的是如何聽人說話。

「聽到」對方說話，和「傾聽」對方說話，兩者可是天差地別。前面提到傾聽的重要，而學會傾聽的技巧，還能把交涉的結果導向自己期待的方向。

說到底，聽到和傾聽，到底哪裡不一樣？

接下來的說明可能有點抽象。聽到對方的話時，你所關心的對象其實是自己；而傾聽時，你關心的對象則是對方，我認為這是兩者最大的差異。

說得具體一點，聽到，是把對方所說的內容，反映在自己過去以來的知識與經驗中，屬於表面上的理解；而傾聽，所關心的不只是對方說的話，還包括對方說話時的表情、聲音、氛圍、話中的情緒、能量等，是採取試圖理解對方的態度。

大家認為，哪一種「聽」，才是站在對方的立場？

比起聽到，傾聽是不是更能讓對方覺得「他試圖站在我的立場，理解我內心的真心話、真意與情緒，認可我」，而更願意敞開心胸、多說一點？

反之，所謂的「聽到」，依據場合的不同，因為是站在自己熟悉的世界觀內試圖理解對方，有時反而可能從自己的正義感或價值觀出發，以言語或非言語的方式批判對方。

律師為了避免委託案件拖得太久，會參照類似案件的判例、文獻、書籍，預測事件走向，並告知委託人和另一方，藉此尋求不須上法庭的解決之道。

但光是這樣，不一定能讓事件當事人（包含另一方和委託人）心服口服。再者，如果律師從頭到尾只是「聽到」當事人的話，就開始處理案件，卻完全忽視當事人的情緒，那麼談判很可能陷入僵局，根本談不下去。

另一方面，如果律師能落實傾聽，當事人會因為能和律師共享心情，內心獲得滿足，因此恢復冷靜。冷靜之後，就能把解決事情和處理情緒分開來思考。這麼一來，才能真正達成圓滿協商的目標，而不是不情不願的妥協。

為了落實傾聽的技巧，請大家記住以下原則。

- 不要執著於一般的常識。
- 認可自己不好的部分（自我接納）。
- 容許自己擁抱悲傷、恐懼、

不只是聽到，而是要用耳傾聽、用眼觀察、用心體會。

不安、憤怒等情緒。

- 先把縮短時間和是否合理等想法放一邊。

首先，如果你執著於社會的常識，那麼只要對方的話些微偏離，你就可能批判對方，不想再聽他說話。其次，如果你接受自己也有不好的部分，也可以作為你表達接納、理解對方不好的部分的基礎。

然後，容許自己擁抱悲傷、恐懼、憤怒等與生俱來的情緒，就能以平常心接納對方抱持相同的情緒。

再者，拋開想縮短交涉時間，想要合理、有效率的協商意圖後，自然會想理解對方的心情，預備好傾聽的態度。

Point

傾聽，不只是聽對方說話，還要理解對方的心情。

3 先讓對方說，他才會想聽你說

交涉時，都會希望對方接受自己的希望和條件。不過，還是得實際傳達之後，對方才能理解，自己也才能實現願望。因此我認為交涉的本質，就是把自己的需求和希望傳達給對方。

話雖如此，如果只是單純、直白的說出心中的希望，卻忽視交涉對象的想法和心情，左耳進、右耳出，你覺得會有什麼結果？

各位的身邊是不是也有這種人？特別是當自己的狀況迫在眉睫時，就完全聽不進對方說的話，或者假裝在聽，但其實根本不關心，只是做做樣子、點點頭，然後立刻又開始說自己的事。這種人出乎意料的多。

總而言之，就是只顧著說出想說的事，想讓對方了解，因此沒有餘裕聽對方在說什麼。

比方說，出租房子的房東A，告知房客B要漲房租。結果房客B說，他現在得縮衣節食才付得起，如果要漲租金，負擔實在很大。另一方面，因為現在物價齊漲，房東A迫於現實，也不得不漲房租。

像這樣，雙方的利害關係相互對立時，不論房東A多麼努力的告訴房客B自己的利害得失，房客B也不可能改變想法。

甚至房客B還會認為房東A完全不懂他的難處，而讓彼此的關係更惡化。這麼下去，雙方就只能上法院或仲裁調停等，以各自的意見和主張對簿公堂，結果只會花費更多時間和金錢。

說完自己的道理、想法後，也不去聽對方說什麼，當然不會得到好結果，甚至還可能耗時又白花錢，結局讓雙方都遺憾。

身為傾聽者，你的態度會透過言語、非言語的方式，傳達給交涉對象。這樣一來，就像前面提到的，對方會覺得「這個人根本沒在聽我說話」、「你一點也不關心我」，更不會試圖理解你想說什麼。

因此，重要的是先傾聽交涉對象說話，也就是「給予」。先暫時放下自己的利害和目標，聽聽對方想說什麼。這麼做，會有什麼對你不利或讓你不安的要素嗎？

「可是，會不會最後變成對方說了算，我的意見和想法卻完全被忽略？」或許你會有一瞬間浮現這樣的不安。不過其實不必那麼擔心，只要你確實聆聽交涉對象想說什麼，對方自然也會願意聽你說話。先把自己的利害放一邊，聽聽對方的心聲，請大家務必試試。

Point

不先傾聽，對方也不會願意聽你說。

4 別忙著糾正

你是否曾在職場或私人場合，遇到以下這種人？

當有人找他訴苦，或者是告訴他日常發生的事時，明明也沒要求他，他卻會指正說話者的錯誤、誤解，再自顧自的說著他自以為是的答案，提出一大堆建議。

我二十多歲時，曾經在東京都內的咖啡酒吧（Cafe and Bar）打工，這對我來說是很好的經驗。在那裡，我看過各式各樣的人。

在咖啡酒吧中，熟客和他們帶來的朋友們常會坐在吧臺，一邊小酌、一邊聊天。這些熟客大都會在下班後喝一杯再回家，彼此幾乎每天都會見面。他們會聊聊當天發生的事，有時電視新聞也成了熱烈討論的話題。

其中，有些人聽到別人說完話後，就會立刻反駁：「不，這樣太奇怪了吧。應該是△△才對啦。」或是提出一些建議或回饋，好像在說教一樣：「你就是因為○○，才會失敗啦。不是這樣，你非得□□才行啦。」。而且他幾乎每天都是如此。果然不出我所料，其他顧客看到他，都避之唯恐不及。

我總以為，這樣的人是自以為為了對方好，所以才會不斷指正，提出建議。不過，他們其實也不是為了對方好，而是想陶醉在幫助他人的滿足感中，有時甚至還會覺得自己高人一等。這麼說可能不太好，不過對當事者來說，他們的好意反而常常給人添麻煩。

說話者其實是希望別人聆聽、肯定他，結果傾聽者完全無視這一點，只是一味的建議或指正。這樣一來，當事人一定會覺得，聽的人完全不想了解自己。

有些人可能會想，只要在指正或建議後，再認可對方，不就好了？其實沒有這麼簡單。一旦當事者認為對方不接受自己，就得花一些時間才能抹去這種想法。就算你提出建議或指正後，說了一些肯定的話，他也聽不進去了。

所以，最關鍵的是一開頭。希望他人認可、肯定自己，是人人都有的需求和本能。我們都希望別人聽自己說話，認可自己，這樣我們就會很高興，內心也很滿足。

交涉時其實也一樣。糾正對方說的話，或是急著提出建議，都會得到反效果。想將自己的原則，或是知識、經驗、正義感，強加在交涉對象身上，這種說話方式很可能招致反感。對方表面上可能不會顯露不快，也不會用肢體語言表達，但一定是希望被肯定，受尊重。

Point

一開始要先肯定對方，誰都不喜歡被指責。

5 避免連珠炮式提問

有時候在交談時，會遇到一種人總是頻頻發問，然後又擅自解釋，自以為理解了。我自己曾這樣提問過，當然也曾遭受這種體驗。

這種狀態，就是從對方身上聽到自己想要的資訊後，就切斷連結，不再關心對方說的話、想法與實際感受。所以，這種人不是在聽，而是在問。工作場所或朋友之間，當然也會有這種人。連以聆聽為業的律師同業，或諮商心理師之間，也有這樣的人存在。

以下是我自己的失敗例子。這件事發生在我當上律師的五年後，我開始自立門戶、經營事務所。當時我沒有顧問諮詢費等固定收入，所以鼓足勁兒衝刺營收。碰巧當時有位委託人來找我諮商，談的內容是另一半出軌，要索取精神撫慰金。

我十分在意是不是該接這個案子，以及如果我接了案子後，該收取多少律師費，對方才願意接受。因此，我處理委託人的心情時，顧慮不周到，接二連三的詢問關於事件的細節。雖然遲早都得問這些問題，但這種連珠炮式的質問，非但沒有發揮作用，反而嚇跑了委託人。

對律師來說，這可能只是眾多案件的其中一件；但是對委託人來說，可是人生中最重要的事。然而，當時的我沒有認知到這一點。我後來自我反省，在把對方視為委託人之前，應該先把他看作是一個普通人，採取理解對方心情的傾聽技巧才是。

為了和交涉對象建立信賴關係，就必須醞釀友善的狀態，對方才會願意說出想法、感受以及顧慮的事。要是只顧著蒐集資訊，就接連不斷的提出一大堆問題，這樣子只會變成你的絆腳石。

就算是個性不強勢或不擅言辭的人，在商談的場合等，也很容易因焦慮而連連提問，請務必注意。

對方此刻懷著什麼樣的心情？如果能聚焦在這一點，即便提問技巧拙劣，即便不急著蒐集資訊，也沒有關係。只要能考慮到說話者的心情，對方一定會主動說出必要的訊息。

Point

別只顧著「盤問」訊息，多多關注對方的心情。

6 隨便同意，是交涉的大忌

有個成語叫「意氣相投」，意思就是你和對方的心情與意見一致，彼此溝通無礙。這時，你可以多用「我的意見跟你一樣」，或者是「我也這麼覺得」等說法表示同意、同感，不會有任何問題。

可是，交涉也分許多種場合。有時雙方的意見和主張南轅北轍，有的案例則是感情糾紛，對方陷入負面思考等狀況，所以溝通不順利也是理所當然。

特別是在私底下交涉，或是關乎自己的商業協商，或是直接關乎自身利益的交涉等，越容易堅持心中的意見和主張，不願退讓。而且，尤其是這些場合的交涉，越讓人煩惱，不知該如何順利進行。

請看以下例子。設計公司A接到服飾公司K的委託，要幫他們設計即將推出的新事業的商標。

A公司和K公司經過數次討論，終於來到談價格和交期的階段了。結果在討論的會議上，A公司無法接受K公司提出的條件（四十萬日圓）。

A公司：「金額能再提高一點嗎？考慮到貴公司要求的內容和交期，我們期望的價格是六十萬日圓。」

K公司：「我們是看了貴公司官網上的費用表，才聯絡你們的……。官網上寫的明明是四十萬日圓吧？」

A公司：「官網上的確是這樣寫的（還寫得很大，很容易看到），可是這大概是□□小時工時的金額。本次案件需要花費◇◇小時，所以希望您能接受六十萬日圓的費用。」

K公司：「我認為官網應該寫得更清楚一點才是，就用四十萬日圓如何？

我們的社長也以為是四十萬日圓……真不知道回去該如何交差。」

A公司：「我也覺得官網上應該寫得更清楚一點。以後我們會注意登載的方式。」

在這個案例中，最好不要輕易同意、認同交涉對象所說的內容。因為一旦你輕易表示同意、同感，對方就會覺得「你同意我說的話了」，之後你就算傳達公司的意見給對方，他也會說：「你那時候不是也同意了嗎？」交涉就難以進展。

再加上，即便你輕易的表示同意、認同，交涉對象也不會因此滿足。同意、同感不過是聚焦在自己的想法和心情，至於是否理解對方的心情和內在層面，答案可就是否定的了。

例子中「我也這麼覺得」的說法，是以自己怎麼想的觀點來傳達。換言之，是把焦點放在自身的想法和心情，而不是對方。

這裡重要的是「共鳴」，而不是同意、同感，兩者是有差異的。共鳴是聚焦在對方的意見、心情、情緒的方法（請見第一五四頁）。

以這個例子來說，K公司經辦人員煩惱的是，不知道該如何向社長說明，因為社長也以為是四十萬日圓。這樣看來，這位經辦對A公司官網的登載方式感到憤怒，只不過是表面的情緒，我們可以推敲出他真正的不安，在於擔心被社長責罵。

A公司經辦可以告訴K公司經辦，自己的想法跟他一樣：「是啊。這樣實在令人不安。」然後再表示「如果我是你，我可能也會有同樣的想法」等，應該就能讓他了解，你和他有共鳴。最後再提供相關資料，佐證六十萬日圓是合理金額，或是提出由A公司去向社長說明等可能的應對方法。

像這樣，在交涉時，與其站在同意、認同的基礎上討論，不如以共鳴為基礎來溝通，更容易找出線索以解決問題。

Point

交涉時，要和對方的情緒共鳴，而不是同意。

7 不急著說解決方法，先表達關心

不論是因公事或私事而交涉，你是否也曾有以下的經驗？對方還沒充分聆聽你的狀況，就擅自提出解決方案，甚至還強迫你接受那些方案？或者是相反的情形，你一下子就向交涉對象提出解決方案，結果最後以失敗告終？

交涉時，我想對方無論如何都希望你傾聽他說話。可是話都還沒說完，雙方都還未進入整理事物、情緒的階段，突然就提到該怎麼解決。我想，被告知的一方，也會覺得很奇怪。

當然，提出方案的人，一定是根據自身的經驗、知識，認為這樣就可以解決。因為覺得既然有了解決方法，就要趕快說出來，才更有效率，所以就迫不及待的表示：「這樣做不就好了？」或者是提出方案或建議：「先○○比較好。」我能理解這種心情。

當交涉對象不理解你的方案，讓你感到鬱悶時，反而會十分著急：「他為什麼不肯相信我？」、「他為什麼不懂？」

大家可以想像煩惱諮商或心理諮商等狀況。前來諮商的人，都希望諮商師能先了解自己的狀況。所以原則上傾聽者應該先努力掌握諮商者的情形，而不是立

仔細聆聽之後，再說出解決方案。

刻提出手邊的解決方案或建議。

無論是公事或私事都一樣。在交涉時，總是必須提出我方的想法、條件、解決方案，或推薦想販賣的商品。即使如此，一開始該做的，還是先掌握交涉對象的狀況。

只要你明確站在這種立場，就能確實傾聽對方說的話，在這個基礎上，才得以把你的解決方案告訴對方：「還可以這樣解決。」唯有經過這個階段，交涉對象才會對你的方案感興趣，也才有可能進一步接受。

順帶一提，若是想要掌握交涉對象的狀況，順利提出解決方案，「教練」（Coaching）是很有效的方法。

教練這種技巧，是藉著聆聽對方說話，讓他認知現狀與理想間的差距，並設法找出方法以消彌差距，並一一實行（只提供解決方案的話，稱為教學〔Teaching〕）。

確實傾聽交涉對象的現狀，探詢出他的「理想狀態」，也就是認為理想、想要的東西是什麼，讓他認知現狀與理想的差距。接著，是讓對方意識到，還有什麼對策可解決問題。在這個階段，如果你將解決方案作為手段之一提出，對方會更容易接受（實際上，教練時不會提供建議等）。

我覺得商談等場合，也可以運用相同的手法。

如果完全忽視顧客的煩惱和背後的情緒，只是單方面提出方案，試圖銷售商品或服務，這樣便沒有考慮到顧客的煩惱和心情，無法得到對方信賴，當然也不會購買你的商品或服務。

確實掌握顧客覺得哪裡不足、如何才能讓他們滿意，也就是顧客心中的理想後，再提出解決方案，告知這個商品能如何發揮作用、以幫助對方達到理想狀態，這樣顧客才會下定決心購買。

Point

設法讓對方認知到理想和現實的差距，他就更容易接受你的解決方案。

8 別立刻下結論或評論

交涉時最常出現的狀況，就是聽對方說話時，又以自己的主觀擅自分析他說的內容，然後隨便下結論或評論。還有人會把自己的分析結果告訴交涉對象，也有人會暗自在心中不停的分析、評論。

在人生的經歷中，我們受過各式各樣的教育，學到各種經驗、知識，建立起獨自的價值觀、人生觀、倫理道德觀。對一個人來說，這就是他的前提、規則，認為「這件事就是這樣」。所以人們常常會把對方說的內容，套用自己的前提和規則，然後斷定、評論對方的人品、人格、思維等。

舉例來說，假設交涉對象是愛發牢騷、愛吐苦水的奧客，甚至還有一點壞心眼。而我們從小就被大人教育，不可以說別人壞話，平時也一直被灌輸要正面思考。

這麼一來，對於對方的牢騷、吐苦水等奧客行為與負面言辭，我們就會反應過度，判斷他是個麻煩的人，很容易去分析、評論他：「這個人想著▲▲，所以才會得出□□的結論。事情之所以不順利，應該就是因為他的某某部分造成的吧。」

在此舉一個具體事例，這是律師和遺產分割委託人A之間的談話。兩人是被委託人（律師）和委託人（A）的關係，彼此之間談論今後該如何處理案件，這當然也是交涉之一。

A一直在老家照顧父母，與案件的另一方，也就是妹妹B關係不睦。B主張兩人應繼分比例要相同，但A不能接受，正在律師面前抱怨B。

「從以前開始，B就什麼事都叫別人做，她只會在旁邊享受，可是該拿的一點都不能少」，她這麼告訴律師。

此時，聽她說話的律師，很容易就會分析、斷定：「啊，想必就是A的這種性格，才會讓兄弟姐妹之間的關係變差。」

律師一旦萌生這種想法，很可能就會提出千篇一律的建議或指示：「我了解您的心情，不過不能因為父母都是A在照顧，A的應繼分就高出B。您的狀況應該也不符合特別貢獻分配的條件，所以你們還是均分、早些完成遺產分割協議吧。」

站在A的立場，想必會覺得「這位律師根本不理解我」，雙方無法建立信賴關係，最後心情上也無法滿意協議的結果。

像這樣，如果根據自我的主觀擅自判斷對方的狀況，就不會再傾聽對方說話，也無法產生共鳴。交涉對象也會感受到聽者的輕忽態度，於是不願再說出心中的想法和感受。

我不是指人不能有自己的主觀意識。聽對方說話時，有時的確也會忍不住分析：「這樣的話，當然會演變成那樣的結果。」

但更重要的是，要建立和交涉對象之間的信賴關係。如果擅自分析、評論對方說的話，妄自下定論，只會阻礙對方說出心中的想法和感受。請大家一定要謹記這一點，再與對方交涉。

避免擅自論定、評論、分析，專注於對方說的內容和他說話的背景，仔細傾聽，這麼一來對方也會感到滿意，同時保持雙方堅定的信賴關係。

Point

妄自下定論，只會斷絕彼此的溝通，要關注對方的發言和說話的背景。

9 別用笑聲逃避問題，更別假笑

當交涉對象認真說話時，有些人會用笑聲或開玩笑的方式逃避回應，怯弱的人更容易用笑聲來閃避。以傾聽的方式而言，這種應對方法是不理想的。

如果聽者用這種態度應對的話，會令對方感覺很不安：「他有在聽我說話嗎？」、「這個人真的沒問題嗎？」而且還會打壞對方的情緒：「我覺得他好像把我當白痴。」

這樣一來，當下你就破壞了和對方的信賴關係，交涉當然也無法繼續進行，甚至連溝通都不可能。結果，你的事業還可能受到嚴重的打擊。原本好不容易才能請對方提供資訊，卻導致這樣的結果，實在太可惜了。

我想，之所以會用笑聲或玩笑話回應對方，很可能只是因為不知道如何因應對方提出的話題、不知如何解決，迫不得已才這樣應對。

不過，重點其實是要和交涉對象的情緒產生共鳴，身為聽者，並不是非得要解決交涉對象的問題不可。雖然如此，但這類人因為無法解決對方的課題，卻希望避免尷尬的局面，所以就用笑聲或玩笑話逃避。

或者也有一種情形，是因為覺得不能讓氣氛變得凝重，或是不能讓場子冷掉，所以就用笑聲或玩笑話來維持氣氛。

這裡介紹我自己的例子，這是發生在我剛當上律師一年左右的時候。

在此之前，我只有在餐廳打工的經驗，既沒上過班，也沒有做過事務職或打雜的工作。

我在最早聘僱我的律師事務所中負責的案件，就是人生第一個事務工作經驗。當時在推動法律事務時，我曾有多次機會打電話給案件委託人。

因為我沒有實務經驗，處理案件的知識、經驗也幾乎等於零，每次要回答委託人的提問或因應諮詢時，總是讓我慌張失措。

就在和委託人協調往後進行的方式時，當我回答委託人的提問，便很自然的從鼻子發出了「嗤嗤」的笑聲。

而且我好像好幾次都這樣，後來委託人終於忍不住，告訴我：「律師先生，可以請你不要這樣用鼻子笑，好嗎？」我記得，在我第一年當律師時，就遇過兩次這種狀況。現在回想起來，真的覺得很丟臉。

不過，我也要順帶提醒一下，請大家不要對交涉對象假笑。如果認為一定要維持融洽的氣氛，或是覺得如果氣氛太僵，對方可能不會欣然允諾，而勉強堆起假笑，只會被對方看破手腳，覺得你在害怕，或是認為你很不安。

一旦讓對方萌生這種想法，主導權就落在他手上了，請務必注意。

如果你是發自內心的微笑，當然沒有任何問題。不必勉強營造出開朗的氛圍，只要保持專心傾聽的態度就好。

Point

不必害怕氣氛太僵，或急著回應對方。總之，專心傾聽就好。

10 讓對方產生共鳴的傾聽技巧

到目前為止，說明了交涉時的傾聽技巧，以及不建議採取的方式。那麼具體來說，到底要如何傾聽交涉對手說話？這裡要介紹「積極聆聽」（Active Listening）的技巧。「Active」就是積極、主動的意思。

簡單用一句話形容，積極聆聽能讓交涉對象感覺，這個人真的在聽我說話、他與我有共鳴。只要運用這種技巧，對方也會願意傾聽你說話，也會想與你友好的交涉，並努力創造成果。

請大家看看以下三種聆聽技巧。若是NG的聆聽技巧，我會打×；積極聆聽的例子，則是打〇。

・潛在顧客A公司和律師的往來

A公司總經理：「現在我們公司的顧問律師B，總是很難找到人，我們實在很困擾。B律師可能很忙碌，但我們也希望能早點知道答案，到底該怎麼辦才好……？」

律師C：

×「您最好別再和那種常找不到人的律師合作了。立刻換律師，這樣對貴公司比較好。」

〇「原來您很難找到現在的顧問律師啊。貴公司很著急，顧問律師卻不能迅速回應，我想這實在讓人不安。」

・A公司和B公司之間，關於交期的交涉

A公司：「本公司的主要客戶要求我們提早推出商品，所以是否能拜託你

們提早五天交貨，從原本的六月六日，提早到六月一日交？」

B公司：

×「以敝公司的人數和設備，要在六月一日前完成，實在有點難度。難道不能維持原先的交期嗎？」

○「原來貴公司的客戶希望你們提早推出商品啊。我完全理解你們想回應主要顧客的想法。但是否可以讓我回去與公司內部討論一下，看看以我們原本預定的人數和設備，能否提早在六月一日交貨？」

・夫婦間的小交涉

妻：「下週一我想開車去上班，可以讓我用車嗎？那天是萬聖節，如果搭電車的話，應該會很擁擠，而且天氣預報又說會下雨。想到這種日子還要搭電車上班，我就很憂鬱。」

夫：

×「咦？可是我之前不是跟妳提過，那天我要去打高爾夫球，需要用車嗎？妳就忍耐一下啦。」

○「這樣啊。原來那天是萬聖節，再加上下雨，電車一定會更擁擠，實在讓人討厭。只不過我之前已經跟妳說，那天我要去打高爾夫球，需要用車耶。」

大家覺得如何？我同時舉了積極聆聽和NG聆聽兩種例子。不知道各位是否能大致理解積極聆聽的概要？搭配NG的事例一起看，哪一種聽起來比較舒服，應該是再明顯不過的吧？

積極聆聽的核心有以下三點：

a.「重複」交涉對象說的話。
b.「彙整」交涉對象說的話。
c.「體諒」交涉對象的心情、情緒。

積極聆聽的三大重點

a.「重複」交涉對象說的話

b.「彙整」交涉對象說的話

c.「體諒」交涉對象的心情、情緒

a和b是向對方表達「我理解你說的話」。

單純重複對方的話也不是不行，但如果你能彙整聽到的內容，再回覆對方，對方會更能感受到你聽進他說的話了（如果很難彙整，也可以單純重複對方的話）。

然後c則是表達你能體諒對方話中潛藏的情緒、心情，這會讓聆聽的效果更強。

當交涉對象很煩惱、陷入負面思考，或是在商場上交涉時，積極聆聽都能發揮很大的效果。

但這不代表你不能針對對方的發言表達意見或給予建議。只不過一開始時，如果你能用考慮對方、跟他產生共鳴的方式傾聽，對方也會更願意聆聽你的想法和希望。

聽者積極的傾聽，容易讓說話者覺得解決煩惱或做出某種結論時，主導權在自己的手上。反之，如果聽者把自己的見解或建議，強推給說話者，對方就會覺得喪失了主導權。

積極聆聽是很棒的技巧，可以滿足交涉對象受尊重的需求。因此，不只是在交涉時，希望大家隨時都能落實。

Point

積極聆聽的三大重點：重複、彙整、體諒對方的心情。

11 重複對方說的話

先前曾說明，積極聆聽的核心就是，重複交涉對象說的話、彙整對方說的內容、體諒對方的心情、情緒。

接下來，將仔細說明這三種技巧。首先是關於如何重複對方說的話。

為什麼重複很重要？因為這麼一來，能讓交涉對象覺得「這個人（聽者）有聽進我的話」，進而安心。

你可能會想，真的這麼簡單、有效嗎？其實還真是如此。因為交涉時最重要的，就是產生共鳴。重複對方說的話，就表示你聆聽他說話時，考慮到了他的情緒，光是這樣，就可以令對方滿足。

可是，這件事明明如此簡單，在我的印象中，卻很少有人能做到，為什麼？我想，這可能是因為聽者往往會抱持奇怪的使命感，或類似尊重欲求的心情，覺得一定要說些什麼才幫得上忙，或是必須講些善解人意的話才行，企圖用自己的方式幫對方走上正確的方向，所以才會如此。

可是，就如第一〇八頁所說明的，就算你抱持這種心情，試圖向對方提供解決方案，他也接收不到。因為這樣的方案並未考慮對方的狀況。說得直白一點，其實是為了自我滿足，才聽對方說話。

從某個角度來說，各位難道不覺得，這樣做其實十分傲慢嗎？相較之下，重複對方說話的聆聽技巧，就可以讓交涉對象滿足，讓他覺得「這個人很擅長傾聽」，進而信賴你。

不論是日常會話或煩惱諮商，甚至是在交涉公事時，這種聆聽技巧都很有效。以下就是一個好案例，我也會同時列出×的回覆和〇的回覆。

・公司裡和主管的對話——第一種

主管A：「可以請你在下週一前，準備好◯◯的資料嗎？下週交給經理前，我想先確認一下。我原本是想請K做，但他身體一直不好。」

你：

×「這個……實在太趕了，我手邊也還有其他工作，可以請C做嗎？」

◯「原來K身體不好啊。下週要交給經理◯◯的資料，如果下週一A課長不能先確認，也很傷腦筋。只不過這樣一來，我還得同時處理手邊的工作，不知道做不做得來啊……。」

・公司裡和主管的對話——第二種

主管A：「可以請你在下週一前，準備好◯◯的資料嗎？下週交給經理前，我想先確認一下。我原本是想請K做，但他身體一直不好。」

你：「這個……實在太趕了。我手邊也還有其他工作，可以請C做嗎？」

主管A：

×「C不行啦，他才剛進公司。看來還是只有你能幫忙，拜託你了。」

○「這樣啊。原來你手邊也有很多工作。如果因為工作而占據了你的私人時間，那也很辛苦。你也知道，○○的內容，如果交給剛進公司的C的話，我擔心他負擔不來。你手邊的工作還有多少？」

大家覺得如何？光是重複交涉對象說的話，比起×的例子，是不是差別很大？對方會因為你重複他的話，讓他更容易覺得「你確實聽進去了」，同時也更容易往下說。隨著對話持續下去，你也有可能從交涉對象口中聽到更多資訊。所以，請大家務必試試這種聆聽技巧，重複交涉對象說的話。

Point

重複，表示我聽進你的話了。

12 再把你聽到的話，換個方式說

接下來，要介紹如何彙整交涉對象說的內容。

雖說是彙整，但彙整過頭也不是好事。因為要是過度了，反而容易讓交涉對象覺得你在敷衍他。

所謂的彙整，指的不是簡單總結「總之，就是這樣」，重點是能讓對方安心：「他把我的話聽進去了。」

因此，此時請記得以下兩點：不要過度統整對方說的話，但也不能把原話重說一遍；而是把對方說的內容，換個方式說。我想，藉由具體事例來說明會更容易了解，以下舉出幾個例子。

・例子一：遺產分割協議中，繼承人哥哥A和弟弟B的對話

哥哥A：「老爸一直都是我照顧的，我花了那麼多時間和金錢，現在就算你說要平分遺產……。」

弟弟B：

×「我知道了。總之，就是哥哥覺得都是自己在照顧老爸，所以想多分一點，對吧？」

○「原來如此。哥哥照顧老爸，花了時間又花了金錢。所以，哥哥是覺得分遺產時應該考慮這個因素，這樣才算是公平分配，對吧？」

・例子二：更改會議時間時，C和D的對話

C：「不好意思。原訂明天晚上七點的會議，是否可以更改一下開會的時間？因為目前進行中的案件有突發狀況，我必須立刻處理才行，可是能處理的人又只有我。」

D：

×「所以你要處理其他事情，明天不能開會，是吧？我知道了。那我們再另找時間開會吧。」

○「你必須趕緊去處理另一件事啊。只有C能處理，實在很辛苦。那麼，你什麼時候可以再開會？」

大家覺得如何？交涉對象一定希望聽者能了解並接受自己的狀況。所以，如果對方過度彙整你說的話，就會讓你覺得好像被敷衍了。而如果對方只是把你的原話重複一遍，又會讓你覺得「他真的在聽我說話嗎？只是把我的話重說一遍而已吧？」

就算你沒有這個意思，對方也可能會覺得你有，這樣一來實在太可惜了。原本可以談成的事，也可能因此破局。反之，如果能恰到好處的彙整對方說的內容，對方就會覺得你理解他、接受他說的話。

「重複」對方說的話。

恰到好處的「彙整」。

而且，你換個方式重複對方的意見和主張，也可以讓他逐步整理思緒，明白「我在想些什麼、是怎麼想的」。

這麼一來，交涉對象接下來的言行舉止，就會產生變化。他會放棄原本堅持的意見和結論，問題更容易朝著對雙方有利的方向發展。

此時，你千萬別試著改變交涉對象的意見和主張，只要像一面鏡子一樣包容他，他就可以接收到你的善意和替他考慮的態度。這麼一來，善意的互惠原則就會發揮作用，對方也更能替你考慮，當然會對交涉的結果帶來正面影響。

Point

不要試圖改變對手的主張，而是把他的話換個方式說。

13 先同理，再說理

第三個技巧，就是體諒交涉對象的心情、情緒。

話雖如此，但這不是指同情對方。你不需要抱持與對方相同的心情、情緒，只需要採取接受對方的聆聽技巧，想像「他（交涉對象）現在應該是處於這樣的心情」、「老實說，這樣一來，的確會有這種情緒」就好。

之後再透過積極聆聽讓對方明白，你已經注意到他當下的情緒。這樣對方就會覺得「啊，這個人懂我」，進而信賴你。

那麼，要在談話中加入什麼詞彙或句子才好？在此，我一樣透過具體例子說明。「×」是不體諒對方心情的聆聽方式，而「○」則是體諒對方心情、情緒的聆聽方式。

・具體例一：商務交涉時

買方A：「我對貴公司的服務很感興趣，但對於性價比有一些疑慮。」

賣方B（聽者）：

×「您在意性價比是吧。具體來說，您對哪些部分感到疑慮？」

〇「您在意性價比是吧。如果不事先弄清楚這一點，的確會讓人在意，很難做決定。順帶一提，具體來說，您對哪些部分感到疑慮？是不是可以讓我了解一下貴公司擔憂的是什麼？」

・具體例二：處理客訴時

買主A：「為什麼這麼晚才寄來商品？我的孫子昨天從東京來玩，我原本打算送給他的，結果他都回去了，商品還沒寄來。」

賣方B（聽者）：

×「真的十分抱歉。我知道△△先生一定也很難過。不過，事實上我們公司收到△△先生的訂單，也不過是兩天前的事。」

○「真的十分抱歉。您原本打算昨天送給孫子啊。您一定很期待看到孫子高興的樣子，結果卻沒看到，想必一定很難過。其實，我們公司收到△△先生的訂單，也不過是兩天前的事。」

以上這兩個例子，提供大家參考。

附加一句顧慮到交涉對象心情和情緒的說明，是不是比較能讓對方覺得「他已經為我考慮」，或是「他懂我」？反之，少了這一句話，對話反而變得冷漠，給人一切公事公辦的感覺。

你身處聽者的立場，雖然認為自己理解了交涉對象的心情，可是如果對方不明白，同樣十分可惜。這或許只是枝微末節的小事，但為了和對方建立信賴關係，表達能體諒對方心情和情緒的話語，真的很重要。也請大家謹記這一點，務必試試看。

Point

多說一句話體諒對方的心情，他才肯聽你說理。

14 沉默一下，無妨

先前介紹積極聆聽的方法。這一節則要介紹「消極聆聽」（Passive Listening）的技巧。

之前的內容提到，積極聆聽，是身為聽者的你，透過重複、彙整交涉對象說的話，並體諒他的心情，在某種程度上主動、積極（Active）的參與對話。消極聆聽則是正好相反，不干擾交涉對象發言，而是試圖引導對方說話，「Passive」帶有被動的意思。

有時候，交涉對象雖然強烈期盼：「總之，希望你先聽我說，希望你了解我。」卻無法順利的表達。

這時，就算你進一步詢問：「你的意思是這樣嗎？」、「還是那樣？」對方也只會覺得被你問得很煩。其實，對方期望的是：「希望你能讓我在我想要的時機，說出感受與心中的話。」或者是：「請你容許我不說話。」

如果是不強勢或不擅言辭的人，應該更能明白這樣的心情。消極聆聽的技巧，就是運用在這類場合。

這種聆聽技巧，除了有助於引導交涉對象說得更多以外，同時也有助於引導對方的想法。

「引出交涉對象的話」，可以使用沉默（請見第一四二頁）和隨聲附和（請見第一四五頁）；而「引導對方的想法」，則可以利用敲門磚（請見第一五〇頁）。

下一節開始，將詳細說明具體的相關技巧。總之，透過消極聆聽，可以讓交涉對象挖掘他心中所想的事、煩惱、情緒等，並向聽者揭露。

你可能會想：「這種聆聽技巧，不是只有在煩惱諮詢時，才派得上用場嗎？交涉時也用得到嗎？」其實並非如此。

交涉時，對方可能抱持各種煩惱和迷惑，而且不管怎麼說，先學習不會引起麻煩的聆聽技巧也很重要。

運用這種技巧時，要緊的是自己的狀態。心理學中有個說法，名為「自我一致性」（Self Congruence），指的是理解、接受自己最真實的狀態，而且不刻意隱藏。

為什麼？大家覺得說話者通常會對什麼樣的人，展現自己真實的樣貌？當然是可以接受、包容自我真實狀態的傾聽者。面對這樣的人，交涉對象也會由衷感到安心：「呈現真實的自我也無妨。」說起來好像有點難，不過這可說是個性不強勢、不擅言辭的人，也能善用的技術。

Point

消極聆聽三重點：沉默、隨聲附和、敲門磚。

15 如果對方也開始沉默……

提到聆聽的技巧之一——沉默，或許有人會反駁：「如果大家都沉默，要怎麼交涉？」當然，我並不是要大家從頭到尾都不說話。

我想說的是，如果要展現願意傾聽對方說話的態度，有時候沉默也是有效的方法之一。交涉是彼此溝通，所以我們也要對於對方的發言，發表想法和意見、期望，這是基本原則，但也不能永遠只用一種基本型態應對。

比方說，像是以下的狀況。

・交涉對象顯然想說些什麼，卻遲遲說不出口。

這時就要保持沉默，等待對方接著說下去。或者是以下第二種狀況。

・交涉對象陷入情緒化。比方說陷入悲傷，或看起來很痛苦時。

這時，我認為應該保持沉默、聽對方訴說。我也明白大家難免會覺得：「一直聽對方情緒性的發言，只是浪費時間，沒有任何生產力。」但此時還是希望各位冷靜下來，仔細體諒對方言行背後潛藏的情緒。

即使不是上述兩種情形，也請在對方陷入沉默時，同樣試著保持靜默。為了讓交涉對象說得更多，刻意保持沉默也是有效的手段。

如果對方只是單純不發言，不同於前面提到「交涉對象顯然想說些什麼」的狀況。換言之，就算對方顯然沒什麼想說的，這時你也要盡量保持沉默。此時（交涉對象陷入沉默時），如果你很在意這種狀況，或許會私下猜測：「他之所以一句話都不說，是不是我做錯了什麼？」或者認為：「他是不是在等我開口？我是不是必須說些什麼才好？」

然後，就在思慮不周的狀況下，說出其實從未想過或毫無關聯的事，甚至是對自己不利的發言，自曝其短。不知道各位是否也曾有這種經驗？這樣一來，真的很可惜。對方之所以陷入沉默，有時候只是在想事情，或者是在檢視自己的內心，不見得是在等你開口說話。

此時，你的沉默能幫助對方更加深思熟慮，甚至可能是個契機，好讓對方重新說出心中的想法和真意，因此沉默其實是極為有效的傾聽技巧。

交涉對象如果陷入沉默，你當然也可以不發一語。請允許自己勇敢的靜默。只要你不強迫自己硬要說些什麼，並展露最真實的自己，對方自然也會暢所欲言。

Point

沉默不語，能協助對方整理思緒，重新說出心中感受。

16 隨聲附和，他會越說越起勁

不只是日常對話，我想交涉時，大家應該也會隨聲附和對方，適時回應一句話，以表達你的興趣與理解。這種「隨聲附和」，其實也是消極聆聽的方法之一。

例如以下的簡短句子：「啊，原來如此。」或是：「咦，原來是這樣。」其實這種隨聲附和，只要再多下點工夫，就可以加深與對方的關係。

對方也會因為你對他的發言有所回應，而覺得開心，因而會希望你再聽他多說一點，結果就會越說越多。而且他越是覺得愉悅，回饋也會越多。

那麼，聽者應該呈現什麼反應，才會讓說話者覺得安心？以下兩種方法，便有助於讓對方安心、信賴。

・與對方同步

大家知道「Pacing」（與對方同步）一詞嗎？這是諮商和教練時經常用到的方法。

有些人說話快，有些人語速慢；有些人聲音激昂，有些人聲音低沉。而所謂的與對方同步，就是指配合對方說話的速度和聲調，隨聲附和並說出反應所須的句子。

這麼一來，交涉對象就會信賴你：「在他面前，我不需要遮遮掩掩，可以展現真實的自我」並因此放心。最終，你就可以從對方口中聽到更多內容。

反之，當你覺得對方的說話速度或聲調跟你不合，卻依舊堅持以自己的步調或語調說話，對方也會萌生相同的感受，覺得：「我跟這個人好難溝通。」或是：「反正我就算說了，他可能也聽不懂。」結果話不投機。

・鏡射

要讓交涉對象安心、說得更多一些，除了與對方同步之外，還有另一種方法，就是鏡射（Mirroring）。

就如字面的意思，鏡射是讓自己化為交涉對象的鏡子。也就是說，要模仿對方的表情、肢體語言、姿勢等。

具體來說，當交涉對象表現出悲傷時，你也要顯露悲傷的表情，並附和著說：「原來是這樣啊。」當對方擺出思索的態度時，你也要做出思索的樣子，再附和說：「原來如此，是這樣啊。」

這種做法與同步一樣，能營造一股氛圍，好讓對方對你放心、信賴你，也更容易開口，對方也會因此多說一點。

重點在於，因為對方敞開心扉，而更可能緩解起初討論時的嚴肅氣氛，好讓對方理解你的想法和希望。甚至還能更有彈性的找出彼此的妥協點。

與對方同步
原來如此！
原來是這樣啊！

「與對方同步」就是配合對方的語速和語調。

鏡射
然後呢？
然後！

「鏡射」則是模仿對方的表情和肢體語言。

與對方同步和鏡射，就是我推薦給不擅長交涉的人很有效的方法，希望各位務必學以致用。

Point

隨聲附和的兩種方法：與對方同步、鏡射。

17 訊息組塊，你會得到更多資訊

消極聆聽除了沉默、隨聲附和之外，還有另一個方法是透過提問，讓對方打開心門，引導他說出更多資訊，那就是敲門磚式提問。

有許多方法可以引導對方說出更多資訊，例如開放式提問和封閉式提問。我想很多人都知道這兩者的差異。

開放式提問，就是不限制說話者的回答範圍，讓對方自由發揮。像是以下提問：「你去沖繩玩得怎麼樣？」或者是：「你的學生時代是怎麼度過的？」、「關於這個部分，可以再說得詳細一些嗎？」都是所謂的敲門磚式提問。

相對的，封閉式提問則是只讓對方回答是或否。例如，「你喜歡棒球嗎？」、「昨天的晚餐好吃嗎？」等。

當聽者想獲得更多資訊時，開放式提問和封閉式提問都很有效，也都很重要，能引導說話者踴躍回答。不過，作為交涉時的聆聽技巧，大都還是使用開放式提問。接下來介紹的語句和聆聽技巧，可以進一步引導交涉對象說出更多資訊。

對方來協商時，一定期望藉此實現某些希望或目的，背後也有相應的背景因素等。而且，對方也會希望身為聽者的你，能接受他的想法。

為了滿足交涉對象「希望你接受、認同」的尊重需求，並進一步了解他的想法、期望、背景相關資訊，此時可以採用名為「組塊」（Chunking）的聆聽技巧。這或許可說是具代表性的敲門磚式提問，同時也是開放式提問之一，例如：「關於這個部分，你可以再說得詳細一些嗎？」

組塊也是試圖從對方所說的內容中，再進一步獲得更多資訊的方法。

組塊又可分成以下三種：

1向上歸類，傾聽：「這樣的話，會如何演變？」

2向下歸類，傾聽：「具體來說，這是什麼樣的內容？」

3水平歸類，傾聽：「其他還有什麼樣的東西？」

這裏簡單舉例說明。假設你的事業夥伴H，建議你增聘新人。

H：「〇〇啊（你），我在想是不是應該考慮聘僱新人了？」

你：「原來如此。聘僱新人啊。這樣的話，大概會有什麼改變？」（向上歸類）。

H：「我覺得應該可以接到更多新案件、提升營收吧。」

你：「原來如此。營收一增加，獲利也會成長。」「順帶一提，如果要提升營收以增加獲利，還有什麼其他的做法嗎？」（水平歸類）。

H：「這個嘛。比方說，也可以考慮將公司現有的技術，作為商品或服務，來對外銷售吧。」

你：「喔！這樣一來，或許就不需要增加人手，也同樣能提高營收吧。具體來說，你有沒有想到要銷售什麼樣的商品或服務？」（向下歸類）。

H：「關於這一點。我想可以考慮出版書籍，或是舉辦線上講座等。」

大家覺得如何？透過組塊的技巧，以H的提案，也就是「是否應該考慮聘僱新人」為基礎，成功引導出H想提升營收的期望，並從他口中問出其他能實現期望的方法。

只要讓交涉對象感興趣，展現接納的態度，他就會願意說得更多。要實現這個目標，就可以使用組塊的聆聽技巧。

Point

組塊的技巧可分為：向上歸類、向下歸類、水平歸類。

個性不強勢的交涉術

理解對方的害怕、悲傷、生氣

如果有人與你有所共鳴，你會有什麼感受？是不是會覺得「他接受我了」，或者覺得「他站在我這一邊」，因而感到放心、高興？

所謂的共鳴，就是指理解、包容一個人抱持著特定的情感。

交涉時，如果對於對方的發言以及話中潛藏的情緒，你都很感興趣，並願意包容這些情緒，對方也會很滿足。那麼，當交涉對象真的處於上述情緒之中時，我們又該怎麼做，才算是與對方有共鳴？是要和他一起悲傷嗎？還是一起義憤填膺？

其實並非如此。一起悲傷、一起生氣，都只是有同感，而不是共鳴。這種同感，乍看之下好像更貼近、支持對方，但反而是在阻擾對方感受心中的情緒。有了同感之後，交涉對象會因為未能盡情體會而無法釋然。

你可能也曾有類似經驗，例如明明想大哭一場，眼前的人卻哭得比自己還傷心，結果反而哭不出來。同感其實是相同的道理，從某個角度來看，它會導致情緒的「消化不良」。那麼，如果想要與對方有共鳴，又該怎麼做？

心理學提到，人有四種感情（真正的感情），也就是害怕、悲傷、生氣、快樂。而要產生共鳴，其實就是單純的在內心察覺：「啊，這個人很悲傷。也是啦，當然會覺得悲傷。」、「啊，這個人現在很生氣。也對啦，一定會生氣的。」即便直接說出「的確是會悲傷」也無妨。

理解交涉對象正處於某種情緒中，然後包容他擁有那種情緒，我認為這兩者就是共鳴的核心。如果能萌生由這兩個核心構成的共鳴，對方心裡也會比較輕鬆，也能因此安心。這麼一來，他自然就會信賴你，也會去摸索、找出對你同樣有利的結果。

第四章

交涉過程居下風，怎麼辦？

1 即使居下風，也要讓對方把話說完

大家都希望對方能接受自己的想法和意見，對吧？我想一定是如此，因為我也一樣。希望別人認可自己的觀點與意見，以及表現出的行為舉止，是人天生的需求。這也表示，交涉對象同樣擁有這種需求。

第一章曾說明「互惠原則」（請見第四十三頁），是當一個人接受對方的好意與服務後，自然也會想回報的心理效應。

換句話說，如果我們希望別人接受自己的想法和意見，就應該先聽聽對方在想些什麼，並回以積極的反應與善意的言辭。

建議可以利用第三章介紹的聆聽技巧，先傾聽對方說話，並表示理解他的意見：「啊，原來如此！」、「原來背後還有這樣的原因啊！」先不去談是否同意對方期望的條件，而是要先以同理心，接受對方的心情和想法。

當對方覺得你接受了他，自然也會信賴你，並理解、尊重你的想法。更重要的是，在說服對方接受我方的意見前，先聽對方怎麼想，也是表現餘裕的態度。甚至可以說，光是利用這種態度，就能讓你掌握主導權。

說到這裡，一定有人會問：「是因為在金錢方面較寬裕，才做得到吧？」或者問：「只有在權力平衡中占上風的時候，才適用吧？」

當你的金錢條件較寬裕，或是在權力關係中占上風，的確比較容易傾聽對方的想法。

可是這樣的態度，最好不要和金錢多寡、年齡大小、地位高低等劃上等號比較好。就算你手頭比較緊，或者是處於不利的狀況、沒有立場，建議最好也先聽對方怎麼說。

因為當人們面對願意聆聽自己說話的人時，也會願意聆聽對方說話，這無關乎是否有利或上下關係。

不過，我希望大家注意一點，就是勉強裝出餘裕的態度反而不利。當狀況明顯不利於自己時，或者在權力關係中地位實在太低時，如果還裝出這種態度，只會讓人覺得你在硬撐、死要面子。

我想說的是，建議了解自己的狀況，逐步接受，而且要優先聆聽對方的想法和意見。

Point

當狀況對自己不利時，先傾聽，別虛張聲勢。

2 好的交涉，聽八成、說兩成

你能記住交涉的全部對話或對方說過的話嗎？想必不可能記得一清二楚吧。那麼，你能理解對方的所有發言嗎？我想應該也不太可能。

特別是遇上話特別多、特別冗長，或是說話內容太瑣碎的人，往往聽到一半就讓人注意力渙散，根本記不住。抄筆記也有極限，就算把對話或交涉內容全部錄音下來，我想應該也沒有幾個人，會事後仔細重聽錄音內容。

這也表示，如果只顧著完整傳達想說的事而喋喋不休，根本無法讓對方徹底理解，也不可能全部記住。

想必大家應該知道，可以從「麥拉賓法則」（the rule of Mehrabian）來說

麥拉賓法則，視覺訊息的影響比語言訊息更大。

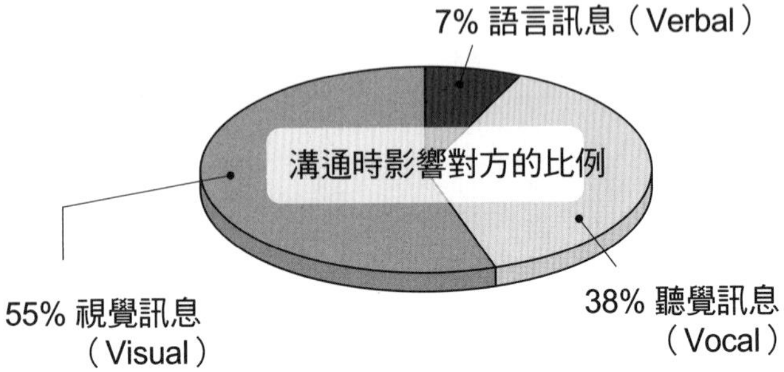

明這個現象。

麥拉賓法則是心理學的法則之一，提到人與人溝通時，是透過語言訊息（Verbal）、聽覺訊息（Vocal）、視覺訊息（Visual）等評斷對方。而且三種資訊影響判斷的比重，分別是語言占七％、聽覺占三八％、視覺占五五％。

如果交涉對象如同這個法則，以相同的訊息比重來評斷你，那麼顯而易見的，不管你話說得再多，效果也沒多好。

反之，如果你能貫徹別說太多話，展現出傾聽的態度，對方自然會看到你願意聆聽他人說話的誠懇，而對你產生好印象。

而且，如果對方被想法、意見、條件都迥異於自己的對象（你），鉅細靡遺的指正該怎麼做才對的話，也只會覺得煩而已。即便他一開始想理解，也不容易聽進耳裡，有時還會顯得心不在焉。這是因為人們對於不感興趣、不喜歡的事，都會下意識的排斥。

此時，雖然有人會認為或許該謙虛一點，以真誠的態度、聆聽他人的意見和條件，可是這種「應該論」、「必須論」只會害苦自己和周遭的人，不會有什麼效果。反倒是你，只要別說太多話、適當就好，並持續傾聽對方說明，那麼就算你不去說服對方，他也會有所察覺。這麼一來，交涉對象自然會取捨，並調整內心的想法和條件，達到你可以接受的範圍，然後他也會盡他所能，接受你的意見和期望。

這才真正可說是「不勞而獲」，就算不說個不停，只要能讓對方理解，只要你多傾聽他說話，對方也比較願意接受你的意見。請各位在交涉時，務必嘗試看看「聽八成、說兩成」。

Point

喋喋不休容易招致反感。多聽，反而展現真誠。

3 口才無關成敗

你是否覺得，為了讓雙方都滿意交涉的結果，就得很有技巧的說話才行？如果你多少贊同這種說法，請試著回答以下問題。

Q：**你認為是因為協商對象很會說話，所以交涉才會成功嗎**？

進一步說，你是否認為，對方口才的好或壞，是導致交涉成功不可或缺的條件？我認為應該不會有人這麼想吧。交涉當事人最感興趣的，唯有能否以好條件，確實達到交涉的目的而已。既然如此，各位的協商對象想必也一樣，不會把重點放在你的口才好不好。

上一節曾說明，人在評判對方時，語言訊息的影響力其實占比很低（麥拉賓法則）。所以只要冷靜想想，自然明白說話技巧的優劣，其實和交涉成功與否沒有關係。

當然，如果別人對你的評價是說話簡單易懂，或者是講話的節奏讓人很舒服，的確值得高興。不過，即使得到這種好評，但如果交涉的結果無法令人滿意，那也不過是空談罷了。

至少就協商的成敗來說，說話技巧的優劣，充其量只是其中一個小因素。更重要的是，確實傳達想說的事以及想法、讓對方理解。因此，我認為有兩個必要條件，也就是：

・事前掌握目前的狀態。
・簡單傳達自己想說的重點。

首先，是正確掌握形成問題的事情。只要做到這一點，自然就限定了該談的主題，也不會說到一半，突然不知道該說什麼。

其次，就是要簡單明瞭的傳達重點。說話的內容如果塞入太多要素，對方也很難理解，不知道最要緊的重點到底是什麼。

此時會有個風險，就是對方可能根本接收不到你最想傳達的要點。為了避免這種窘境，就要像第二章說明的一樣，事先和自己對話，掌握想傳達的核心內容到底是什麼、有什麼優、缺點。

自我對話後，把得出的核心內容記錄在筆記本或智慧型手機裡，只要向對方確實傳達這些內容即可。如果能落實這一點，即使說話技巧拙劣或陷入沉默，都沒有關係。

Point

不必擔心口才好不好，簡單傳達想說的重點就可以了。

4 好話更要慢慢說

說起來，好像有很多不擅言辭的人，說話速度都偏慢。或者是個性較內向的人，反倒容易因為慌張而變成快嘴。

你對說話速度快和慢的人，各有什麼樣的印象？對於語速快的人，你會不會覺得：

- 好像會被他的花言巧語欺騙。
- 光是要理解他說的話，就耗盡精力了。
- 常被他的步調牽著走，總覺得不開心。

除此之外，或許有人會覺得他們「可能很無情」、「做事可能很輕率」。總之，說話速度快的人似乎容易讓人心生戒備，無法放心。如果你也這麼覺得，或許就不想跟這類人建立信賴關係了。

我身為律師，也曾與各式各樣的委託人、另一方的當事人與其代理人協商或交涉，其中也有很多人說話速度很快。每當和這樣的人交涉時，除了先前提及的印象之外，我還會覺得：

・這個人是不是不太深思熟慮。
・這個人是不是不太會冷靜討論。

事實上，當我開始提問或深入追問時，他們常常會很快的糾正、辯解，甚至反駁我的話。每次看到他們出現這種反應，就更強化了我對他們的印象。而且他們會在交涉中途、露出破綻時，試圖以快嘴挽回，這樣反而更容易讓人覺

說話速度慢一點比較令人感到安心。

得難以信任。

相反的，應該有很多人對於說話速度慢的人，抱持以下印象：

・這個人感覺很穩重。
・他應該會好好的聽別人說話。
・他的用字遣詞很慎重。
・他好像會謹慎處理我們的事。

比起快嘴，語速慢的人更能讓人安心。這麼一來，也更容易與他人建立信賴關係。

此外，說話速度和自律神經也密切相關。換言之。說話速度快的話，交感神經就會較為活躍。極端一點來說，就是處於戰鬥模式，或是容易發火的狀態。相較之下，說話速度慢的時候，副交感神經占優勢，更能進入放鬆的狀態。哪一種狀態有助於和交涉對象友好溝通，自然不言而喻。

優、缺點已經如此明顯了，我建議不擅言辭、不強勢的人，不妨刻意放慢說話的速度，這樣一來更容易與對方培養信賴關係，完全沒有必要慌慌張張。

Point

慢慢說話，容易讓人感覺穩重，從容不迫。

5 沉默不會拉低你的評價

在日常對話時，有時也會發生以下尷尬的情況，那就是剛剛還熱烈的討論話題，突然間就陷入了沉默。

交涉時也一樣，當彼此差不多說完想說的話或是想傳達的事情，接著互相提問、討論也到一個段落後，有時候就會因為無話可說而陷入寂靜。

這時氣氛會有點詭異，往往讓人覺得「好像得說些什麼才行」，於是絞盡腦汁找話題，尋求新的觀點等。

這時如果因為受不了沉默，覺得非得說些什麼，結果說出違心的話，會導致什麼狀況？你可能因此無法把真正的想法傳達給對方，而讓他心裡不舒服；

甚至，這些對你不利的內容，反而被交涉對象所採納、接受。

就算事後設法更正、補救，對方也會因為「當時你明明這樣說」，而不信任你，可能因此導致後續的交涉停擺。

試想一下，什麼樣的情況會讓人無法忍受沉默？這些情況往往存在於與他人的關係之中。比方說，交涉對象很文靜、話很少，雙眼卻一直盯著你看。如果遇到這種對象，陷入沉默時就會讓你覺得「得說些什麼才行」。在這種情況下，你是否會開始不安，擔心：「如果不說些什麼撐場面，對方會不會覺得我很無能？」或是：「是不是該由我開口，才符合社會常識？」於是，在這種狀況下，可能就會透露太多原本不該說的話，或是說出一些違心的內容。

有些情況，你不得不顧慮到身後的前輩或主管。比方說，在商務協商或公司內部會議等場合，你可能考慮到前輩或主管會評量你的工作表現，不希望他們覺得你不懂得交涉等。

基於上述想法，就容易為了避免沉默而說出不必要的話，或者是說出違心之論。

之所以會這麼想，其實是因為對沉默抱持負面印象，是「沉默＝欠缺溝通能力」的刻板觀念在作祟。有些人可能還會以為，這就是溝通障礙的表徵。

然而，沉默其實有很多優點，例如：

- 讓你看起來似乎十分沉穩、冷靜。
- 讓你看起來充滿智慧。
- 能讓對方以為：「我是不是

沉默有許多優點，要妥善利用。

犯了什麼錯？」

・能讓對方先開口說話。

・因為對方不知道你在想些什麼，能使他感到莫名的不安，因而透露許多意見、想法。

・你能避免露出破綻。

・可以從對方口中獲知更多資訊。

其他還有諸多優點，和第三章提到的消極聆聽相同。交涉時，這些優點就是你的優勢，所以沒有道理不善用沉默。

如果你還是無法擺脫對於沉默的負面印象，可以試著勇敢的告訴自己：「不擅言辭的我，是有價值的人。」、「不論交涉成功與否，我都是最能幹的商務人士。」

就算對話停頓、陷入沉默，你的評價也不會因此下滑。反而是話說得太多，更可能導致你的評價變差。對不強勢、不擅言辭的人來說，恰好可以把沉默當作交涉的武器之一。

Point

勇於把沉默當作武器，不說話不會讓你的評價變差。

6 何時攤底牌？看狀況

當你向對方說明己方的意見、想法，或者希望的條件時，是該一開始就說結論嗎？還是最後才說？這個問題真是難回答。

如果一開始就說結論，可能會擔心對方就不再聽下去了。但如果最後才說的話，又怕對方覺得你太迂迴，甚至懷疑你工作不能幹。

我覺得，這個問題真的很難論定。甚至我還會覺得，要討論哪一種說法正確，根本不會有結果。因為交涉的最主要目的，就是讓對方理解、甚至認可你傳達的內容，滿足你的期待。只要能達成這個目標，先說結論還是後說結論，根本無所謂。

話雖如此，想必還是會有人覺得：「應該還是有差別吧？例如某些情形適合先說，某些情形適合後說。」所以，我大致區分了先說結論比較好的狀況，以及最後再說結論比較好的情形，以下一一介紹。

・這些情形，先說結論比較好

首先，如果是在公司內部或與客戶等事業夥伴，交涉企劃案或條件時，我認為主管和與會者原則上比較喜歡先提結論，之後再有邏輯的詳細說明其中的理由。

因為在商務場合中，速度很重要。如果在不了解結論的狀況下，先聽了一大堆說明或理由，與會者可能聽到一半就沒耐心了。

此外，以書面資料或電子郵件傳達資訊時，也比較適合先寫結論。因為在這種情況下，對方也想立刻知道結論和理由。

・這些情形，最後再說結論比較好

那麼，什麼樣的場合，較適合最後再說結論？

第一種就是雙方意見對立、氣氛稍微劍拔弩張或緊張的時候。

這時與其先說出我方的結論，不如先簡潔扼要的說明我方的心情，以及做出這種結論的理由、經過會比較好，最後再說出結論。這樣一來，既不會無謂的刺激交涉對象，也可以充分傳達你的想法。

而且，我認為對方也會因此明白：「原來是經過這樣的心境和歷程，才會得到這種結論，有這樣的需求。」不僅更容易接納，也會更容易被我方的提案打動。

此外，如果是利用 Power Point 等資料簡報時，最後再說結論的話，有時較能發揮效果。因為 Power Point 簡報帶有一點活動氛圍或娛樂要素。

這種時候，先依序說明理由和根據，讓聽眾的情緒逐步高漲，接著再說出結論，也有助於感動對方，讓對方驚訝。

總而言之，我認為，若是沒有意見對立的問題、或是事務性交涉的場合，較適合先說結論。而在意見對立，或必須考慮另一方的情緒時，就適合先說明理由和經過，最後再說結論。

各位之所以會拿起本書，應該都希望能讓交涉成功。既然如此，我要再次強調，首先要從聆聽開始，交流各種資訊後取得共鳴，這是第一階段。

也就是說，我認為等到這些討論都結束，最後再說出結論就好。

Point

交涉時，先聆聽、交流，最後再說結論。

7 用「我」當主詞

不論是在公事上，或是與親人、朋友相處時，有時難免會覺得對方：「怎麼會做這種事啊？」或是認為：「如果你這樣做就好了……」、「我原本希望你能更……。」

這裡以商務場合為例。身為主管或前輩的讀者，有時可能會想對後輩說：「你為什麼每次都遲到！」或是說：「早上進辦公室時，你好歹也跟別人打個招呼吧。」

可是，假設每當你一這麼想，就直接或間接的對那位部屬或晚輩訓話：「你為什麼每次都遲到！」或是：「你好歹也打個招呼吧！」結果會怎麼樣？

部屬、後輩可能會覺得好像被你攻擊，因此就會回嘴，或是對你擺張臭臉。這樣一來，只會讓彼此更情緒化，最終以生氣、吵架作收，雙方互相傷害，關係惡化。

這裡再以家人或戀愛關係為例。

假設在盛夏天，太太對著想出門散步的先生說：「你到底在想什麼啊！這種大熱天去散步，一定會中暑的啊！」但先生可能覺得天氣雖然熱，只要補充水分就好了。

此時，太太卻態度強硬的說：「你的腦袋在想什麼啊！」先生很可能會因此覺得自己被太太否定，結果情緒反彈，大聲反駁：「我想去就去！不用妳管！」結果雙方大吵一架。

這時就不能採用上述兩個例子的做法，也就是不能指責對方。建議不妨利用可以傳達情緒變化的「我訊息」（I Message）吧。

所謂的我訊息，就是以「我」為主語的說話法，先「客觀傳達對方的行為與事件→傳達因而產生的效應→自己因此感受到的情緒」。

以第一個例子來說，主管或前輩可以告訴部屬：「你進辦公室時，如果沒有道『早安』，我會以為你不把我當回事，這會讓我很不安。」而以第二個例子來說，太太可以告訴先生：「你要在這麼熱的天去散步，萬一中途中暑倒下，被救護車送去醫院，我會非常難過。」

利用我訊息，可以消除話語的攻擊性，對方也不會因此覺得受傷害而反擊，自然也更容易接受你的情緒，修正自己的行為。

在商業文書中，也經常能看見這種我訊息。例如「已過了一個月，還是未能收到貴公司的回覆，讓敝公司十分擔憂是否能如期解決這個問題」、「聽聞您當天會親臨敝公司辦公室。我想這有助於儘早改善問題，我非常高興」。像上述這些都是我訊息。

除了在文書中，如果口頭上也能使用這類訊息與交涉對象溝通，想必對方也會感受到你的真誠與慎重，立刻對你的印象大為加分。

Point

傳達要求時，要以「我」為主語，而不是指責對方。

8 如果你能這麼做，我會很高興

上一節說明了「我訊息」。老實說，如果對方的說話方式，就像是揮舞大刀衝著你攻過來一樣，真的很辛苦。而這種說話技巧就可以緩和攻擊的力道。此外，當對方表明「希望你這樣做」時也一樣，這種攻擊性的說法也很容易讓人反感。

就算你心中想幫他忙，但聽到對方用抱怨或命令的口吻說「你為什麼不肯這麼做」或是「你把這個做好」，想必熱情也會瞬間冷卻。

另一方面，人們天生喜歡受到期待，受人信賴、依靠。假設有人拜託你幫忙，而你幫了忙後，得到對方的感謝，想必也能讓自尊心獲得最大的滿足。這麼一來，雙方可說是皆大歡喜。

所以，請他人幫忙時，可以在話中附加一些當對方幫忙後，你可能會萌生的情緒，例如「很高興」或是「很放心」等，這也可說是一種我訊息。

在此，我大致鎖定兩種場合，也就是拜託別人時，和事前請別人多注意時，分別介紹遺憾的例子和好例子。

【拜託別人時】

・向交涉對象F，提出文件繳交期限的提案。

（遺憾的例子）「這是F送來的文件，這次請在三月十日前提交，請不要再像上次一樣遲交了。」

（好例子）「要是能提早一週收到F的文件，我認為可以更有把握的準備回覆。所以如果這次你能在三月十日前提交文件的話，我會很高興。」

・告誡很晚才報告、聯絡的部屬、晚輩。

（遺憾的例子）「你為什麼每次都等到事情一發不可收拾之後才報告！我不是一直告訴你，要在事態惡化前，先找我談嗎！」

（好的例子）「事態一旦惡化，客戶會很困擾，我也擔憂要是影響到與客戶之間的信賴關係，該怎麼辦？萬一真的發生這種狀況，我想你也會很沮喪吧。所以，要是你能儘早來找我談或向我報告，狀況就不會惡化。如果你能這樣做的話，我也會很高興。」

【事前請別人多注意時】

・請部屬、晚輩事先注意。

（遺憾的例子）「要去拜訪（客戶）K時，一定要先做好萬全的準備！絕對不能像A一樣，被客戶責罵。」

（好例子）「（客戶）K對某些內容很敏感、注重細節。他在意的地方，只要不能滿足他，他就會勃然大怒。上次也是因為這樣，把氣氛搞得很僵，你的前任A也真的很可憐。為了避免重蹈覆轍，我覺得應該盡可能事先做好準備。」

就像這樣，別只是單純的下指令或請託，而是運用我訊息，傳達「事實→影響→情緒」。這樣一來，對方也能更坦率的接受我方的意見，有助於實現希望與需求。

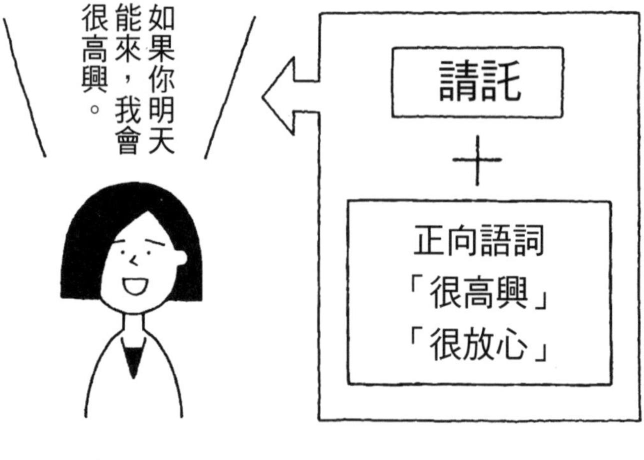

多用「如果你能……，我會很高興」的說法。

Point

用「事實→影響→情緒」，讓對方更容易接受。

9 當雙方意見對立時

當交涉對象的意見和希望，與你落差很大時，你會怎麼做？是覺得已經沒輒了而放棄，自暴自棄、不甘願的接受對方的希望和條件嗎？還是陷入情緒化，無論如何硬是要對方接受你的意見和希望？

我想大多數不強勢、不擅言辭的人，很可能都是前者，也就是直接放棄。這是因為一旦自己的意見與希望，和交涉對象相差太多時，很多人會立刻覺得：「是不是我錯了？」

但這樣的話，個性不強勢的人，就永遠無法透過交涉、得到自己滿意的結果，於是便陷入惡性循環，更害怕交涉：「我這種個性，果然不可能達到期望的交涉成果。」

為了避免陷入這種窘境，還是可以利用一些傳達技巧與下結論的方法，讓怯懦、口才不好的人，在面臨意見對立時，能解決問題。既然是和他人交涉，為了確實向交涉對象說明想傳達、期望獲得認可的事，並讓對方理解，就要先仔細挑選傳遞的內容與語感。

那麼，為了讓對方理解你想表達的事，該利用什麼樣的技巧比較好？首先，要先釐清彼此對立的原因。具體來說，就是：

・釐清問題點，明白雙方是針對什麼內容而彼此對立。
・尋找意見對立的原因、背景。
・深入了解到底是尋求的目標不同，還是彼此之間有所誤解。
・用我訊息傳達自己的期望、以及對於什麼事感到不安。

其次，就是盡可能找出解決對策，越多越好。此時，如果可能的話，我建議大家做「腦力激盪」（Brain Storming）（方法請見第一九五頁）。

所謂的腦力激盪，就是當雙方意見對立時，透過自由提出彼此的想法和意見，以滿足雙方的希望，找出妥協點和解決方案。

而要找出最佳的解決或妥協方案，重點就是先拋開刻板印象、先入為主的偏見、社會觀念，兩方都盡可能的發表意見。

當然，我也明白在很多狀況下，比方說企業之間的交易或協商等，沒辦法做腦力激盪。但還是有很多場合用得上，例如家人與朋友之間、公司內部的決策、折衝等。腦力激盪的前提是自由發言、不會被他人否定，所以平常害怕表達意見，畏縮不前的人，也應該能說出自己的想法。

Point

先釐清對立的原因，再腦力激盪找答案。

個性不強勢的交涉術

如何腦力激盪？

腦力激盪的流程如下：

- 我方和對方合作，互相提出解決問題的點子。
- 事先設定好一段時間，在時間內盡量蒐集想法，越多越好。
- 不論多麼不合常理、多荒唐都無妨。
- 聽到點子時，單純記錄下來就好，不要評價。
- 大家發表完畢後，就逐一評估記錄下的點子，找出最佳解決方案。
- 決定如何實行該解決方案。
- 驗證實行的結果。

腦力激盪時的注意事項如下：

・要營造自由發言的氛圍。
・重視點子的數量更甚於品質。
・想到什麼就說什麼，別因為覺得不切實際就扼殺好主意。
・腦力激盪時，不要評價點子的好或壞。
・歡迎能讓對方想出更多點子的發言。

（依據發明人亞歷克斯・奧斯本〔Alex Faickney Osborn〕的腦力激盪基本規則。）

10 稍微側身與對方說話

在學生時代，老師是不是經常教我們「要看著對方的眼睛說話」？我記得，爸媽和學校老師都常這麼告訴我。

受過這類教育的人應該可以理解，在會話或交涉的場合，當對方和你面對面說話時，眼睛不自覺的閃躲，是否會讓你覺得「這個人是不是很懦弱」，或是「這個人是不是不擅長溝通」？

事實上，如果你比較怕生、不夠強勢，會不自覺的閃避別人的目光的話，是不是也會擔心：「對方會不會覺得我很膽小？」、「他會不會覺得我的個性很懦弱？」

這樣說來，世上好像還真有一種不成文的常識，認為對話和交涉時，一定得看著對方的眼睛，不然就不利於溝通和談判。但事實真是這樣嗎？

當對方的意見和你一致，或雙方意氣相投時，可能沒什麼問題。但是當對方的見解和希望的條件與你不同，要是一直看著對方的眼睛，身體正面面對著他說話，會不會讓你覺得雙方好像在對峙、對決？

當我們面對意見與價值觀不同的人，說話時難免會緊張。此時如果又必須和對方四目相對、正面對峙，反而會醞釀不必要的緊張氛圍。

為了緩解緊張的氣氛，不如稍微斜側著自己的身體和對方說話，或許會比較好。除了身體的方向外，你也不須一直盯著對方的眼睛。

不需要一直凝視對方的眼睛，而是略微放空、看著他的臉部或肩膀附近說話，或者是聽對方說。光是這樣，就可以幫助你緩解緊張情緒。而且這樣一來，更容易聽進對方的話，對方也更容易理解你說的內容。

不知道各位是否聽過所謂的「個人空間」（Personal Space）？指的是當別

人靠近你時，會讓你感到不舒服的空間距離，也稱之為個人領域、個人距離、人與人之間的距離。

這個空間會因性別差異、文化、個人性格，以及對象不同而有程度上的差異。但一般來說，與越親密的對象相處，個人空間就越小（換句話說，即使對方貼近到某個程度，你也不會不舒服）。反之，如果是敵對關係的對手，個人空間就比較大。

是否要和對方四目相接，或是身體要不要正面面向對方，其實意思和個人空間有些類似。當你嘗試和意見不同的人協議、折衝時，或者是和第一次見面的人交涉時，與其勉強自己友善的接觸對方，不如接納緊張的自己、原本的自我，保持適度的距離感，與對方交談即可。

Point

說話時，不需要一直看著對方的眼睛，可稍微側著身子。

第五章

你贏我贏，三方都贏

1 不是我和你，是我們

原則上，交涉的當事人就是自己（或自家公司）和對方兩人。每位當事人都有各自的意見和期望，並為了實現目標而對話。

光這麼看，各位很可能會把交涉對象視為敵人。就算不把對方當成敵手，或許也會覺得他是必須說服的對象。然而，一旦有這種想法，彼此之間有時候難免陷入情緒化，無意義的拖延交涉，甚至還可能破局。

因此，我希望各位抱持以下概念：交涉不是我和你（交涉對象）兩方當事人的對立，而是我和你一起成為「我們」（我方和交涉對象）的主體，共同面對課題和問題。

交涉時，要帶著「我們」意識。

當你抱持「我們」意識、面對對方時，他越有可能覺得這場交涉是雙方合作的團隊作業的一環。事實上，你或許也可以經常把「我們」掛在嘴邊。這種概念有助於孕育夥伴意識，和雙方作為共同體的關係。

而且這麼一來，可以避免過度敵視交涉對象，讓彼此願意一起摸索、追求共通目標、合作找出解決方案，也可以建立雙方的友好關係。

如此一來，交涉當事人之間的關係，就會轉變成類似夥伴一樣，雙方會為了建立共識，而聚焦在相同的方向。交涉的過程不再只是各自提出意見，企圖找出妥協點，反而化為追求彼此利益的共同作業。

此外，將主語由「我、你」的單一人稱，轉變成「我們」的複數人稱，也暗示雙方的關係對等，不需要為了尊重對方而屈就自己；處於對等關係下，也更容易率直的說出意見。

明確使用「我們」作為主語，可以傳達友善訊息，「為了讓雙方利益最大化，彼此之間必須合作找出解決方案」，也有助於建設性的談話。

當然，交涉也分各式各樣，你和對方的關係也不只一種。當雙方關係良好時，就算不特別在意，也能很自然的說出「我們」的主語。但如果是必須從頭開始建立關係的情況，要以「我們」作為主語，心理上可能會有點抗拒。

面對彼此沒有交集的交涉對象，突然用「我們」當主語，你或許會覺得似乎有些厚臉皮，對對方好像也很失禮。不過，交涉不是一個人單打獨鬥，而是共同作業，為了滿足彼此的期待，孕育夥伴意識十分重要。

如果真的覺得難以啟齒，也可以先不說出來，而是把「我們」意識放在心裡。把自己心中的主語，由我改成我們，然後再試著交涉看看就好。

Point

交涉對象不是敵人，要把「我們」意識放在心裡。

2 讓對方提選項，我方做選擇

當彼此差不多說出各自的希望、需求以及背後的根據之後，交涉也即將進入尾聲。在這個階段，必須提出雙方都接受的具體條件。其中一種做法，就是讓交涉對象提出多個選項，而不是由我方提出。如果你想盡可能避免糾纏不清與強硬交涉的話，這或許也是好方法。

重點是讓交涉對象提出選項。對方或許會因為自己可以提選項，而認為主導權在他身上，覺得「這個人試圖將我的意願反映在協議中」。

然而，你必須妥善控制，避免讓對方提出不利於我方的條件。因此，請務必利用上一節的方法，以「我們」作為主語，讓交涉對象感覺彼此是共同體，這一點很重要。用這種態度持續與對方交涉，對方也更有可能顧慮你的利害關係，就不會發生所有選項都對你不利的狀況。

請對方提出選項時，最好先表明雙方無法退讓的重點，再告訴對方：「可以請你提出幾個條件嗎？」待對方提出後，也要表達謝意：「謝謝你提出的條件。」再告知對方，我方會把這些條件帶回去討論，暫時先收下。

不需要因為對方提出選項，就覺得必須立刻回答，請仔細思索之後再回覆。只要能實踐本書的內容，在大多數情形下，你應該都能和交涉對象建立友好關係。

即使在交涉的最終階段，請對方提出多個選項，只要彼此之間的關係是友好的，我想對方也會考量我方的立場，在選項中加入我方也能滿意的內容。

不過，如果對方提出的選項都無法令人滿意，或者都對我方不利時，就要再次告知對方不能退讓的重點，同時也釐清對方堅守的底線，然後由我方試著提出具體的建議方案。

一開始交涉對象已經提出選項，掌握某種程度的主導權，應該不會全盤否定我方的建議方案，也會審慎考慮才是。最大的重點，就是要讓對方覺得：「這個人正試圖將我的意願，反映在協議中。」

我曾在第四十三頁說明「互惠原則」，這裡也是基於相同的道理。對於給予我們好處的人，我們也不想對他不友善。而且，其實你並沒有把主導權全部交給對方。請對方提出選項，可能需要一些勇氣，但我還是希望大家能勇敢的嘗試。

Point

即便禮讓對方提選項，但主導權永遠在我們手上。

3 表明你的提案重要且可行

終於來到交涉的尾聲。

現在請想像一下，由我方向交涉對象提出條件的情況。假設我方提的條件，已經是可以允諾的底線，必須讓對方答應這些條件。要是對方不答應，我們就必須立刻判斷，是要讓交涉就此破局，或是再進一步退讓。

如果我方為交涉破局時準備的「備案」（請見第七十一頁），足以達成目的，那麼選擇備案也是手段之一。不過，我們當然還是希望對方能答應我方的條件。

因此我們必須讓對方理解，我方提出的條件不是要為難他，而且對他來說，也同樣能滿足需求。

要怎麼讓對方覺得，我方的條件對他而言也是必要的？

重點就是正確理解對方的交涉目的究竟是什麼。一路走來，透過和對方多次交談、溝通，我們必須從中找出對方期盼的條件，以及他認為真正重要的部分是什麼。

並不是全盤接受對方的條件，而是要從他的話裡，以及各種表現中，找出「他認為的真正重點」，並告訴他。

舉例來說，假設你提出的條件是「A」，而對方（X）認為真正重要的重點是「B」。那麼當你提出己方的條件時，可以這樣說：「這次我想提的條件是A。可是整理了我們目前為止的對話，我覺得對X來說，不能退讓的重點應該是B吧。所以我也想了一下，我可以提出什麼樣的建議，才能符合X認為重要的B。最後因為……，我覺得如果是A，應該也可以實現B。」

人們通常不會仔細思考自己真正要的是什麼（請見第四十八頁），所以由身為交涉對象的我方，說出對方真正的目的，並表示是考量對方的需求後，才提出這些條件。如此一來，對方也會覺得我方尊重、理解了他的意見和想法。

然而，你的說法不該是：「A提案裡面，不是也已經包含了B的重點嗎？」而是應該說：「我也確實考慮到你是否會覺得滿意。」這樣的語意，更能讓對方願意接受我方的條件。

此外，讓對方理解我方提出的條件，對他來說並非不切實際，而是十分可行的，這一點同樣重要。此時，也要一併告知對方為什麼這個條件可行、依據是什麼。只要提出根據，就能讓對方更容易信服。

Point

釐清對方的目的，並告知我方的條件同樣可達成。

4 動之以情

好不容易走到交涉的最終階段，我們當然希望協商對象答應我方的條件。那麼，如何才能讓對方願意說出「YES」？

請想像一下你買東西或接受服務時的狀況。了解在這些過程中，內心經過什麼樣的歷程，就是線索之一。

比方說，假設你要去健身房運動，或是請私人教練。

為什麼會去健身房或找教練？每個人都有各自的理由。不過，我想共通的原因應該是「想擺脫不滿意的現狀」、「達到更理想的狀態」。

這邊介紹我自己的例子。幾年前，當我報名健身房的一對一課程時，我的體重是八十一公斤，遠超過最佳體重七十公斤。當時我很胖，肚子又大、又鬆垮。跟朋友打棒球的時候，稍微跑一下，腳就抽筋了，狀態真是糟得讓人看不下去。

我希望自己的身材苗條又有強健的肌肉。練出肌肉之後，我希望能帥氣的在棒球場上奔馳，跑回本壘得分，所以我報名了健身房的一對一課程。

當時健身房的人員仔細分析我的現狀和理想狀態、為我推薦課程，我也決定接受對方的建議。換句話說，這位人員讓我意識到「厭惡」的現狀，以及買課後可以「變得更好」的未來，因此成功讓我掏腰包。

大家難道不覺得，這樣的建議方式也能適用於交涉嗎？

正因為「想脫離厭惡的現狀、擁有理想的未來」的心理發揮作用，人們才會做出各式各樣的決定。既然如此，不管是什麼樣的交涉，為了要讓對方說「YES」，就必須喚醒他想跳脫討厭的現狀、前往理想未來的心情。

以前我有一位委託人，委託我辦理夫妻離婚協議。離婚時必須決定很多條件，如贍養費、財產分配、小孩的扶養權、養育費、探視權等。

在這個案子中，委託人心目中的理想條件，與她先生願意接受的條件差距很大。而且這個案子還有一些背景因素，導致委託人不願意跟對方妥協，這一點我也不能強求。

不過，考慮種種情況後，也明白如果不適度讓步，對雙方都沒有好處，只會留下遺憾的結果，所以我也必須讓委託人同意妥協、願意說「ＹＥＳ」。因此，我針對目前雙方有如兩條平行線、毫無交集的現狀，請委託人說說內心的想法與感受。結果，我得到非常負面的回答。

其次，我問她：「那麼，妳希望轉變成什麼狀態？」、「真的達到那種狀態後，會有什麼感受？」並仔細聆聽她的回應。

同時我還出示數字、邏輯推論、金額等客觀資料，再利用圖解、讓委託人透過視覺，認知到：「如果這個協議再沒有交集，狀況會怎麼演變。」對委託人來說，這好像是很沉重、難以接受的情形。

接著，我同樣用數字、邏輯、金額等客觀資料，並透過圖解讓委託人明白：「達成一定程度的妥協後，會達到什麼樣的狀態。」

具體來說，就是讓委託人意識到不離婚、持續爭吵下去的精神負擔程度、律師報酬的差異，以及透過上法庭與雙方合意這兩種解決方式，夫妻各自可獲得的經濟利益差異等。結果，當委託人了解這一點的瞬間，她就主動跟我說：「律師！我願意妥協！」

像這樣用數據、邏輯、圖畫與影像等，傳達不愉快的現狀和舒適的未來兩者的差距，就能動之以情。

Point

展示厭惡的現狀和明朗的未來有什麼差異，動之以情。

5 兼顧彼此利益，三方都好

為了獲得雙方都能接受的交涉結果，建議各位注意兩件事。

第一是雙方合意的可能範圍（Zone of Possible Agreement，縮寫為ZOPA）。說得直白一點，就是彼此可讓步的範圍中重疊的部分。

當你提出希望的條件時，想必也會保留一些彈性。以職場上換工作時的期望年收入為例，假設期待跳槽後的年收入，好一點的話要有六百五十萬日圓，否則至少也要有六百萬日圓。

像這樣，大多數情況下，我們都會預想一個交涉時可滿足的極限，或者說是預設結論。交涉對象也一樣，他也會準備好可以滿意、妥協的條件範圍。以前面換工作的例子來說，假設新公司可以提供的年收入，是六百二十萬至五百八十萬日圓，那麼ZOPA就是六百二十萬至六百萬日圓。

明白自己的底線或許很容易，但想知道交涉對象的底線，可一點也不簡單。所以在和對方對話時，要仔細聆聽，努力理解對方究竟期望、希望的是什麼，這十分重要。此時，請利用前一節說明的「厭惡的現狀」與「未來可獲得的舒適」兩者的差距，試著傳達（那個預設結論）也有優點。

第二，就是能否達到「三方都好」。所謂的三方都好，是近江商人（按：這裡的近江是指現今的日本滋賀縣）的經營哲學，是指「交易不只是要買方和賣方都滿意，還要能貢獻社會，才可說是好買賣」。

換句話說，除了對雙方都有好處之外，還要考量是否對他人（或是對社會）也有益處，必須從這個角度去驗證條件，也要和交涉對象共享。

你可能會覺得：「考慮交涉當事人以外的他人利益，又能怎樣？」但如果雙方合意的結果，對當事人以外的對象也有利，不是很讓人高興嗎？

這樣一來，至少也會因為對人類的利益（社會利益）有所貢獻，而萌生自我肯定的心情。而且我認為，依據對社會有益的意識採取行動，幾經輪迴後，最終還是會利益到自己。

不只是商談，這一點應該也適用於其他交涉。例如調停糾紛時，要讓步總會令人不愉快。如果你一直把焦點放在對方身上，難免會不甘心：「我為什麼非要為了這傢伙讓步！」

但如果能因為這次的讓步，讓第三方獲利、喜悅，只要這麼一想，自己的心也會得到救贖。因為對第三方有利，等於對自己也有利。

以前我曾處理過一件建設公司之間的承包款糾紛案。應支付承包款的B公司週轉不靈，欠了很多債，只能分期支付。而債權人A公司，也同意讓B公司分期付款，雙方和解。只是B公司支付到一半，就開始拖延付款了。

一般來說，大多數的債權人，在這個時間點都會申請強制執行，盡可能收回債權，能拿回多少就拿多少，如果B公司因此破產，也沒辦法。但聽說當時

Ａ公司的社長告訴Ｂ公司：「如果我這麼做，那麼委託Ｂ公司蓋房子的業主也會很困擾。因此我不會申請強制執行，我會繼續等待。我相信貴公司會照常每月還款。」

結果，Ｂ公司的財務狀況慢慢改善，終於又可以開始每月還款。最終償還的金額，甚至超過一開始決定的分期償還金額，Ａ公司最終得以收回所有款項。

如果Ａ公司當時為了眼前的利益，申請強制執行，只能收回少部分金額，Ｂ公司的業主想必也會不知所措。

然而，當時Ａ公司考慮到Ｂ公司的業主，也就是第三方的利益而選擇的行動，從結果來看，反而救了自己（Ａ公司）和第三方。因此，在各種交涉場合，謹記三方都好的精神，絕對沒有壞處。

Point

謹記合意的可能範圍和三方都好的概念，使交涉更順利。

6 有點小成果後，給點小驚喜

居酒屋免費招待的小菜，常常令顧客很高興吧？

底下要說的已經是十年前的故事了，當時我參加的業餘棒球隊，常在東京大田區下丸子的球場練習和比賽。每次結束之後，隊友們常常一起去某家中華料理餐廳吃飯。因為我們經常去那家店吃吃喝喝，店員也會在我們結完帳後，免費招待我們一道菜，真的讓我們很驚喜，也很開心。

免費的驚喜小優惠真的會讓人十分雀躍，而且關鍵就在於「小」。

如果優惠太貴重、令人感到負擔，會讓接受的人萌生罪惡感，無法開心起來。但如果是對我們而言的微小優惠，就可以高興的提供對方。對方想必也會感受到你喜悅的心情。然後，這種愉快的心情又能化為驚喜，讓對方更高興。

看著對方的微笑，自己想必也會很欣喜。俗話說「結局好，樣樣好」，如果交涉最終的氛圍是好的，自己也能心平氣和。

作為律師，我剛獨立開業時，曾發生這麼一件事。某位委託人的案件終於結束的時候。根據我們事前簽訂的契約，委託人應支付律師費四十萬日圓（舉例），不過他的經濟狀況真的很差，所以拜託我，可否只收二十萬日圓。

契約書白紙黑字寫著報酬金額為四十萬日圓，其實我也可以請他分期付款，支付全額。但當時我妥協了，決定只收他二十萬日圓。當我把半價的請款單交給委託人時，他哭著向我道謝，然後就離開事務所了。

後來，那位委託人匯來的款項不只有二十萬日圓，而是三十萬日圓，多了十萬日圓。他後來對我說：「律師您真的幫了我很大的忙，所以為了答謝，因此多加了一些金額。」

當時我看到報酬增加，當然很高興。不過，讓我更開心的是委託人說的那句話：「律師您真的幫了我很大的忙，為了答謝。」我甚至覺得，如果這位委託人下次再來找我，我一定會設身處地的為他考慮。

透過這個例子，我想告訴各位的是，最後一刻的服務和妥協，會帶給對方很深刻的印象，讓對方感恩，因此舉了一個極端的例子。

這些小驚喜不用花大錢，甚至不用花錢。你只要提供一些小恩小惠，讓對方感受到你的用心和貼心即可，即便沒有實質利益也無妨。不過，前提當然是不能大幅影響到你提出的條件。

出乎意料的小驚喜往往令人高興。

好交涉就是好溝通，若能做到這一點，就可以強化共同體意識。因為希望最後留給夥伴美好的印象，若是能達成好的交涉，也會萌生用心和體貼對方的心情。但也不是所有交涉，都得額外提供一些服務才行。有些狀況和情形，的確也讓人沒有餘力再提供小優惠。

如果自己和交涉對象之間，關係好到可以提供一些小驚喜給對方，建議不妨直率的用有形的方式，傳遞自己的心情。這樣的小優惠，其實也等於是向交涉對象表示「今後也請多關照」。

對方接受優惠後，也會一直記得你、心懷感謝並承蒙你的恩情。讓人持續留下好印象，不也令人高興嗎？為了建構後續的良好關係，請率直的表達感謝之意。

Point

如果交涉時關係良好，不妨大方的用有形的方式表達謝意。

第六章

意見不合更要冷靜、冷靜、冷靜

1 透過冥想，提醒自己深呼吸

接下來會介紹一些小習慣，有助於帶來良好的交涉結果。

首先介紹的第一個習慣，就是「冥想」，很多人或許已經養成這個習慣了。說到冥想的好處，首先就得提到它可以讓我們緩慢的深呼吸。平時如果沒有特別在意，我們往往不會刻意的深呼吸。

單純的深呼吸，其實有很多優點。經由冥想、有意識的深呼吸，可以讓自律神經由交感神經占優勢，切換成副交感神經占優勢，營造極為放鬆的狀態。

如果平時培養冥想的習慣，就可以冷靜的面對事物，和他人溝通時也不會流於情緒化。有一句話叫做「泰然自若」，就是指這樣的狀態。

冥想的習慣也有助於交涉。交涉時，必須磨合彼此的利害關係，然後彙整出結論，可想而知這會是壓力又大、又緊張的場合。因為緊張，交感神經便容易占優勢。

但如果能養成冥想與深呼吸的習慣，那麼即使處在高壓的協商情況，也可以抑制交感神經占優勢。當自己不再處於壓力之下，那麼即便對方陷入情緒化，你也不會過度反應，依舊能維持心平氣和的態度。如此一來，你在對話時就可以顧慮對方的立場，冷靜溝通。

我也從五、六年前，開始將冥想作為日常的習慣。而且在與他人交涉或面臨開庭審判時，我也會在正式上場前，找一個能獨處的空間，安靜冥想。

我的冥想方法大致如下：

1. 坐在椅子上，背挺直。
2. 收下巴。

3. 挺胸。
4. 雙手手掌放在大腿上，手心朝上。
5. 首先，花二十到三十秒，用嘴巴吐完一口氣。
6. 吐完氣後，屏息五秒鐘左右。
7. 再花十秒左右用鼻子吸氣。
8. 呼吸時雙目半睜，狀似望向稍遠的地方。

我會重複這個流程約十至二十分鐘。沒時間的話，只做兩至三分鐘也可以。冥想時，腦中往往會閃過各式各樣的想法或想像。此時，我建議各位暫時別去理會那些浮現的想法、想像，不要深入細想，而是讓自己放空、眺望著遠方。

我想，各位應該可以看到想法浮現後消失，然後再次浮現後又再消失。總之就像是看著流動的雲，或者是影音平臺Niconico動畫的留言跑馬燈一樣。

藉由冥想，我流於情緒化的行為減少了，日常生活中也能常保心平氣和。開始冥想前和結束後對比，我覺得幸福感也增加了。

雖然屢次提醒，交涉時不要被情緒左右、保持冷靜很重要。但如果被情緒牽著跑，就無法冷靜的判斷，更會執著於心中的條件，無法彈性的回應對方。

不過，只在交涉時保持冷靜其實不容易，建議平常就要養成冥想、深呼吸的習慣，讓自己平時就免於外在壓力影響，建立良好的精神狀態。

而且，只要能冷靜的應對，你就不再會介意，自己是否不夠強勢或是不擅言辭了。

Point

能放鬆，就能好好的交涉，建議平時可培養冥想的習慣。

2 自我提醒，重要的事更要慢慢來

在平時，越是緊急的時候，我越會提醒自己慢慢來。「不快點不行！」越是在這種緊張時刻，越要克制行動的速度。

例如，走進車站剪票口後，要下樓梯到月臺時，或是一看到列車進入月臺，一般人總會不由自主的想衝去趕車。尤其是快到上班打卡時間或是趕著開會時，就會特別急躁。

以前在這種時候，我也會快步狂奔，但現在不會了。一開始，我是以實驗的心態，嘗試步調緩慢的生活，不要焦慮。

結果我發現，不論我急匆匆的衝去搭車，或是慢慢的走到月臺搭下一班車，其實沒有太大的差別。就算開會遲到一點點，也不表示別人對你的評價就會大打折扣。而且慢慢來還可以趕上約定的時間、行有餘力，反而更好。

越是在意、遵守規矩，或是越認真的人，一旦遲到就會十分尷尬，也會擔心對方生氣，他們容易過度憂慮還未發生的事。不過，這些擔憂大都是自己多想的。不急不躁也能成事，培養這樣的心態很重要。

此外，慢慢來不僅適用於行為舉止，也適用在說話時。別人對你的印象，往往取決於你怎麼說話，而不是你說了什麼。就算你很生氣，但只要能以平和的口氣慢條斯理的說，對方也比較不會情緒化（請見第一六九頁）。

為了在非日常的場合，例如交涉時，也能放慢說話的速度，平時就可養成習慣，培養慢慢講話的語調。

當你覺得緊張、焦慮時，更要記住「慢慢來」的重要。請壓抑住著急的心情，刻意放緩行動。如果真的抑制不住焦躁的情緒，也請提醒自己稍微慢一點，不要過於衝動。

各位也可以利用前一節提到的冥想方法，讓內心沉靜。

焦躁、著急的人，心中塞滿了各種事情，無法仔細聆聽對方說話。而且對方也會察覺到這一點，雙方便無法好好的溝通。

我平常和別人交談時，也會慢慢的說，所以在交涉時，我自然也可以慢條斯理的說話。

就算對方是急性子，也不曾有人對我說：「你話講快一點！」就算對方很急躁，那也是他的問題，不會對形成共識造成影響。

平常就時常提醒自己「慢慢來」。

再者，慢慢說話其實也顯示出你對聽者的尊重，對方也會感受到你的心意。如果對方發現你很重視他，自然也會重視彼此之間的溝通，更努力的建構良好的關係，所以壓力也會逐漸減少。

慢慢說話，不論是對自己，或是對對方而言，都有正面的心理效果。

Point

越是急迫，越要提醒自己慢慢來。

3
我天天撰寫的「沒問題日記」

交涉得有對象才能成立，所以往往無法按我們預想的腳本進行。不過，如果每次都因此不知所措，也不是辦法。

各位會不會因為突發狀況，而陷入不安？想必多少都會吧。舉例來說：

- 該到站的電車遲遲沒來。
- 颱風好像會直撲而來。
- 最喜歡、每天都會光顧的咖啡廳，突然歇業好幾天。
- 確診了新冠肺炎。

報紙、新聞、社群網路等媒體，每天都會報導全球各式各樣的悲痛消息和慘事。我們每天接受這些訊息，往往會誤以為世界上充滿壞事，沒有好事。

受到這些負面訊息影響，當身邊發生了非比尋常的事情時，常會陷入悲觀的思考模式，「想必不會順利吧」、「可別演變成最壞的狀況啊」，很容易被不安擊倒。

不過，請冷靜的站在客觀角度看事情。人生的確不是百分之百都是好事，但絕大多數也不是什麼大不了的事。常常喊著很倒楣的人，也是每天活得好好的，有吃有喝，過著普通的生活。

所以，就算發生了非比尋常的事，也不必鑽牛角尖，記得對自己說一句：「沒問題！」

一下子要大家以「沒問題」的心態面對所有事，可能很困難。不過，請先從日常生活中做得到的範圍開始嘗試。當發生了不同於以往的異常事件時，先

沒問題的日記，記錄結果比預期好的事件。

- 我不小心對主管說話有些隨便，還好結果沒問題。
- 辦公室的電子信箱好幾天不能用，還好最終沒有問題。
- 我忘了跟人家有約！結果他發燒，也來不了，還好沒問題。
- 沒趕上飛機，差點急死我了，還好順利搭上下一班飛機，沒問題。

試著想想，這件事對自己的人生有什麼意義，會帶來什麼重大影響嗎？你應該會發現，其實大多數事情都不會有什麼太大的影響，只是讓你覺得莫名的奇怪、不協調而已。

只要理解這一點，之後若是發生類似的小差異或困難，也不必鑽牛角尖，請試著對自己說一句：「沒問題！」

此外，如果你是一個不強勢、或是很容易不安的人，平時不妨嘗試寫「沒問題的日記」。這是為了記錄日常雖然發生不安的事，結果卻平安的事件，是強化「沒問題」意識的作業。

當你從日常的小事，感受到問題其實沒有預想的那麼嚴重，那麼即使身處在交涉等非日常的場合，也可以用沉著的態度面對，「雖然過程可能曲折，結果絕對沒問題」、「就算交涉有一點失敗，也沒問題」。

為了避免無意義的焦躁，為內心留下從容的空間，平時就請多多練習「沒問題」思考。

Point

即便發生出乎意料的事，最後往往都「沒問題」！

4 沒有什麼事情非得要、應該要

為了和他人順利協商，重要的是平常就別老是執著於「非得要……」或「應該……」。這並非只適用於交涉，建議平時就要抱持這種心態。

說到底，「必須……」或「應該……」的思維，到底是什麼？

這些其實就是自己心中確立的原則，如「……指的就是這回事」、「……就是應該要這樣……」、「非得要……」等。

舉例來說，像是「和人說話要客氣」、「不能亂花錢，必須把錢存起來」、「對長輩一定要畢恭畢敬」等。很多人各自抱持這些原則，而且每個人的原則可能都不太一樣。像是客氣、亂花錢、畢恭畢敬等評價，不就是因人而異嗎？

每個人出生、成長的環境和遭遇不盡相同，所以依據各自所處的環境、體會到的經驗不同，怎麼樣的用字遣詞才算客氣，什麼樣的花錢方式算亂花，其實基準都不一樣。

如果抱著內心確立的應該論或原則論和對方交涉，當然就會擅自評價對方，像是覺得他的言行舉止和提的條件很奇怪，不符合常識等。

這麼一來，就會執著於自己的正確答案，把自身的原則視為放諸四海皆準的準則，並強迫交涉對象接受，導致協商停滯不前。這就是必須論、應該論的缺點。

如同我多次強調的，協商時重要的是別流於情緒化，要保持冷靜。因此也不能受限於「應該……」或「必須……」的想法，最好用開放的態度面對自己和他人。這種必須論和應該論的思維，大致是在兩個過程中形成的。

第一，就是在幼年時期與家人、周遭人的關係中，為了今後能繼續生存，而自己編造出來的。因為想獲得父母認同，想得到他人認可，而擅自決定「應該這樣做」、「必須這樣」的原則。

另一個過程，就是在家庭之外的場合，如學校或社團活動等，藉由受到的教育形成的。

我在國小、國中、高中時都參加棒球社。當時學長姐和學弟妹的上下關係，遠比現在更嚴格，學弟妹根本不可能反駁前輩說的話。如果表達不同的意見或是自己的想法，就會被當成是狂妄的人。

可是出了社會後，這些原則根本不適用。成為社會人士後，如果不表達自己的意見，反而很容易讓人質疑是否真有幹勁，別人反而會覺得你很奇怪。

不過，當我出社會後，一開始還無法擺脫這種思維習慣，一直不敢表達意見。因為我總認為不能違抗長輩、不該說出反對意見，這種想法阻礙我表達自己的見解。

當我抱持這種想法，一旦看到同事竟然敢對長輩提出反對意見時，我反而會嫉妒他，也讓自己陷入焦躁不安。

因為被必須論、應該論等想法束縛，導致人際關係或交涉不順利的人，往往都十分認真，想得太多。

即使是認為自己沒有這種刻板印象和想法的人，在真正冷靜、客觀的檢視自我後，也會發現原來同樣受到「必須、應該」的想法制約，出乎自己原先的意料之外。當各位發現內心的小原則和堅持時，我建議可以先試著放下。

此外，也可以透過與他人、書籍的相遇，提高自我認知。試著刻意創造機會、讓自己跳脫日常、看看不同的人和書。放下內心累積的必須論、應該論，也會讓你更寬容協商對象，有助於達到更順暢的交涉。

Point

放下必須論、應該論，才能更寬容的協商。

5 經常對人說謝謝

平常就養成說謝謝、感謝別人的習慣，十分重要。這不只有助於讓交涉成功，也有助於建立良好的人際關係，甚至可能為你帶來好運氣。

你的身邊是不是也有很多人，習慣經常道謝？

或許有人會想：「又沒發生什麼值得感謝的事，為什麼非得要說謝謝？」我想，應該是過於認真的人才會這麼想；又或者是覺得自己的人生、現實生活，並不是那麼順利的人。我很能理解這種心情，因為我以前也是這樣。

不過，如果你希望未來的人生過得比現在更好，或是想要更幸福、想擁有更好的人際關係，請試著養成習慣，經常說謝謝。

應該不會有人聽到別人向自己道謝時，心情不好吧？包含協商在內，人際關係都是藉由彼此的溝通而建立的。想要和感謝之心溢於言表的人往來，也是人之常情。每個人應該都想和讓自己心情愉悅的人溝通。

愛抱怨、心懷不滿的人，周遭人通常也是同一類型。而滿臉幸福、充滿感謝的人，身邊自然也圍繞著同樣幸福、心懷感激的人。要讓心態變得幸福、感恩，最快的方法就是改變口頭禪。

即便一開始言不由衷也沒關係，只是隨口說謝謝也無妨。有一陣子，我在往返住家和公司的途中，也會一邊走路、一邊自言自語的說謝謝好幾次。

當時我一天大概要說一千次以上的謝謝。對於不擅言辭的我來說，很難表達感謝，但只要養成習慣就沒問題。

另外，我也會在晚上睡覺前，在日記寫下當天值得感謝的事。或許沒有很多，但越是旁人眼裡不值一提的小事，效果越好。

比方說，像是「今天火車準時到站」，或是「超商營業二十四小時」

（按：二〇二四年時，日本有超過一成的便利商店並非二十四小時營業）等，平常覺得天經地義的事，其實也值得感謝，不是嗎？

說得極端一點，其實連「可以順暢呼吸」也值得感謝。平常毫不在意的呼吸，也讓我們得以活著經歷各式各樣的體驗。搞笑藝人明石家秋刀魚曾說過：「光是活著就賺到了。」

如果能對這些天經地義的小事心懷感恩，自然就會同樣感激每天生活、工作中的小事。對於溝通的對象，自然也會有更多的感謝之意。

就算交涉對象向你散發負面情緒，你也會把注意力放在他良好的、值得感謝的部分，而不是被他的負面情緒左右、影響。從好的一面來看，也就是培養鈍感力，越是自覺不強勢的人，越應該嘗試。

Point

聚焦在值得感謝的事，就不會受負面情緒影響。

6 平常就要愛自己

各位平常是否會做一些心中期盼或是開心的事，來自我滿足？還是一直強迫自己忍耐？

大家或許不太理解這裡提到的「強迫自己忍耐」，是什麼意思。

以人際關係為例，明明對方並未提出任何要求，自己卻擅自決定以他人為優先，把自身的希望挪後。你是不是也有類似的情況？

或是平常買內衣和襪子時，甚至是吃飯時，你是不是也會忽視自己「其實我想穿這樣的衣服」、「我想買這個」、「我想吃這個」等感受或需求，反而屈就自己、覺得「這樣就好」，總之先買、先吃再說？

如果平常消費時就習慣這樣忍耐，對於自身的感覺和需求很遲鈍的話，當然不可能滿足自己，更不會愛自己，而且這種狀況還會變成常態。這類人在和他人交涉時，真的能得到滿意的結果、讓自己信服的結論嗎？

日常生活中，就要在可能的範圍內盡量滿足自己，這一點十分重要。所謂的滿足自己，指的是發現自身毫不掩飾的需求，如「我想這麼做」、「我想吃這個」，並一一實現。

你可以從很細微的事情著手。例如平常用的小物品、日用品等，只要選用中意的東西滿足自我即可，也不會在經濟上造成太大的負擔。

此外，像是養成習慣，早上一邊聽音樂，一邊享用現泡咖啡也可以。我想，如果你能賦予自己一些感覺無比幸福的東西，就會被巨大的幸福感包圍。以我為例，讓我覺得無比幸福的時候，大概就是到大眾浴池，好好享受三溫暖、岩盤浴，不須在意時間的療癒時光。

我認為，有些人只是不知道自己要什麼，建議可以先表列討厭的事、不喜歡的東西，然後避開它們，由此開始。

像這樣，從日常生活著手，就能敏銳的感受滿足的狀態，也可以為協商帶來以下優點：

- 因為平常就敏銳察覺自己的需求，交涉時也會清楚知道自己的要求。
- 可以鎖定己方的需求條件，減少與對方的衝突點。
- 忠於自我需求，因此也能寬恕對手忠於他自己的需求。
- 平常就養成滿足自己的習慣，交涉時也會獲得滿意的結果。

另一方面，平常就不滿足的人，不滿意的情緒很強烈，所以交涉時也會執著於「想要更被滿足」。因此，一旦交涉不如己意，就會陷入情緒化，並以這種情緒攻擊對手。這會讓談判對象的態度也趨於強硬，導致難有進展。我認為這樣實在很可惜。

此外，如果平常就習慣忍耐，交涉時也往往會壓抑心中的願望和需求，那麼即使協商圓滿結束，最終也得不到讓自己服氣的結果。

想善待自己時，這種人會萌生罪惡感，而且會過度在意對方的反應，傾向於追求非必要的過度協調。不瞞各位說，其實我也有這種傾向。

過去不懂得滿足自己，或是不擅長自我滿足的人，請允許可以對自己好。因為唯一最珍惜自己的人，只有我們自己。建議可以從小地方開始，不妨多送一些健康、小確幸的禮物給自己。

光是這樣，就會改變你說話的方法和內容，最終也可能改變交涉的結果。

Point

能滿足自己，就能滿足他人。

結語 懂交涉，人生更美好

衷心感謝各位讀完這本書，也希望讀者們都有滿滿的收穫。

交涉不是要爭勝負，而是透過良好的溝通，讓彼此都能滿意的共同工作。因此我認為，重要的是從各種不同的角度看事情。

「陰陽中只重視陽」、「善惡中只接受善」、「優缺點裡只想要優點」，像這樣只單看一面，無法順利達到期望的結果。我認為這些要素互為表裡，必須接納兩者、兼容並蓄，才能建立屹立不搖的中心思想。我也相信，中心思想屹立不搖的你，也會吸引交涉對象主動靠近，最後一定能獲得實質成果。

不過，本書雖然談的是交涉技巧，內容卻不僅適用於此，其中還包含了一些知識和技術，可以讓你在人生各層面進展順利。

整理好內在、傾聽別人說話，往往可以改變外在的現實世界。以下這些都是實際發生過的現實變化，像是不知不覺中改善了夫妻關係、可以和原本難以接近的主管對話、問題員工終於願意好好工作等。

一旦能接受並包容自己和周遭的人、事、物後，就可以實際體會到心靈更充裕，生活也因此更豐富。建議各位務必將本書的內容，作為溝通的方法之一，並一一實踐。

最後要感謝許多貴人協助，讓本書得以順利出版。謹在此感謝Next Service株式會社的松尾昭仁、大澤治子、宮川直樹，他們提案並建議我執筆的內容；也感謝日本實業出版社的安村純，他負責編輯這本書，以及其他所有協助我的人。

同時也要鄭重感謝長期以來守護我寫稿的妻子，以及在遠方支持我的雙親，謝謝大家。希望全世界都沉浸在愛與協調之中。

國家圖書館出版品預行編目（CIP）資料

個性不強勢的交涉術：嘴笨、怯弱，怎麼交涉不吃虧？處理1,500件以上訴訟案子的不強勢大律師，天天在用的技巧。／保坂康介著；李貞慧譯. -- 初版. -- 臺北市：大是文化有限公司，2025.03
256面；14.8×21公分. --（Biz；479）

ISBN 978-626-7539-90-3（平裝）

1. CST：談判　2. CST：談判策略

177.4　113018359

Biz 479

個性不強勢的交涉術

嘴笨、怯弱，怎麼交涉不吃虧？處理 1,500 件以上訴訟案子的不強勢大律師，天天在用的技巧。

作　　者／保坂康介
內文插圖／高田真弓
譯　　者／李貞慧
校對編輯／張庭嘉
副 主 編／劉宗德
副總編輯／顏惠君
總 編 輯／吳依瑋
發 行 人／徐仲秋
會計部｜主辦會計／許鳳雪、助理／李秀娟
版權部｜經理／郝麗珍
行銷業務部｜業務經理／留婉茹、專員／馬絮盈、助理／連玉
行銷企劃／黃于晴、美術設計／林祐豐
行銷、業務與網路書店總監／林裕安
總經理／陳絜吾

出 版 者／大是文化有限公司
臺北市 100 衡陽路7號8樓
編輯部電話：（02）23757911
購書相關諮詢請洽：（02）23757911 分機122
24小時讀者服務傳真：（02）23756999
讀者服務E-mail：dscsms28@gmail.com
郵政劃撥帳號：19983366　　戶名：大是文化有限公司

香港發行／豐達出版發行有限公司　Rich Publishing & Distribution Ltd
香港柴灣永泰道70號柴灣工業城第2期1805室
Unit 1805, Ph.2, Chai Wan Ind City, 70 Wing Tai Rd, Chai Wan, Hong Kong
Tel：2172-6513　Fax：2172-4355　E-mail：cary@subseasy.com.hk

封面設計／林雯瑛
內頁排版／陳相蓉
印　　刷／韋懋實業有限公司
出版日期／2025年3月初版
定　　價／399元（缺頁或裝訂錯誤的書，請寄回更換）
I S B N／978-626-7539-90-3
電子書I S B N／9786267539934（PDF）
9786267539941（EPUB）
Printed in Taiwan